Walther Ziegler

Buddha

in 60 Minuten

Dank an Rudolf Aichner für seine unermüdliche und kritische Redigierung,
Silke Ruthenberg für die feine Grafik, Angela Schumitz, Lydia Pointvogl, Eva Amberger,
Christiane Hüttner, Walburga Allgeier, Dr. Martin Engler für das Lektorat
und Dank an Prof. Guntram Knapp, der mich für die Philosophie begeistert hat.

So wie der Ozean von einem einzigen Geschmack, dem des Salzes, durchdrungen ist, so ist auch diese Lehre von einem einzigen [...] Geschmack, dem der Erlösung, durchzogen.[1]

Bibliografische Information der Deutschen Nationalbibliothek:
Die Deutsche Nationalbibliothek verzeichnet diese Publikation in der Deutschen
Nationalbibliografie; detaillierte bibliografische Daten sind im Internet über www.dnb.de
abrufbar.

© 2021 Dr. Walther Ziegler
Umschlaggestaltung und Grafik des gesamten Buches: Silke Ruthenberg
unter Verwendung von Illustrationen von:
Raphael Bräsecke, Creactive – Atelier für Werbung, Comic & Illustration (Zeichnungen)
© JackF - Fotolia.com (Bilderrahmen)
© Valerie Potapova - Fotolia.com (Bilderrahmen)
© Svetlana Gryankina - Fotolia.com (Sprechblasen)
Herstellung und Verlag:
BoD – Books on Demand, Norderstedt

ISBN 978-3-7543-1666-5

Inhalt

Die große Entdeckung von Buddha

Buddha (560 - 480 v. Chr.)[2] ist zusammen mit Konfuzius der mit Abstand bedeutendste ostasiatische Philosoph und Wanderlehrer. Fünfundvierzig Jahre lang zieht er durch den Nordosten Indiens und unterweist die Menschen in guter Lebensführung. Er gilt als Stifter einer der fünf großen Weltreligionen. Dies ist umso erstaunlicher, als Buddha zu Lebzeiten niemals von sich behauptet hat, ein Prophet zu sein. Im Unterschied zu Mohammed, Moses oder Jesus verspricht er den Menschen kein Weiterleben im Himmel oder Paradies. Vor allem glaubt er nicht an Gott. Auch die zahlreichen hinduistischen Gottheiten seiner Zeit sieht er mit großer Skepsis. Solche Vorstellungen beruhen, so Buddha, auf Zufall oder menschlicher Willkür. In seiner berühmten Parabel „Von den Blinden und dem Elefanten"[3] vergleicht er Indiens Hohepriester, die sogenannten Brahmanen mit Blinden, die ihre Gottheiten auf dieselbe Weise beschreiben, wie Menschen ohne Augenlicht einen Elefanten. Vor vielen Jahren, so erzählt Buddha seinen Mönchen, hätte einmal ein König von Geburt an sehbehinderte Menschen in seinen Palast bringen und um einen Elefanten herum aufstellen lassen:

> Und der König [...] sprach zu diesen: ‚Ist euch, ihr Blinden, der Elefant gezeigt worden?' – ‚So ist es, Herr, der Elefant wurde uns gezeigt.' – ‚So sagt nun, wem gleicht der Elefant?'[4]

Der erste Blinde versichert dem König, der Elefant gleiche einem Korbgeflecht, da er das faltige Ohr ertastete, ein anderer sprach von einem spitzen Pflug, da er zufällig den Stoßzahn berührte. Der nächste beschrieb einen Kornspeicher, denn er berührte den voluminösen Körper. Ein weiterer sprach von einem Pfosten, da er den mächtigen Fuß ertastete. Der letzte schließlich von einer Bürste, denn er hatte die Schwanzborste erwischt. Jeder beschrieb also einen anderen Aspekt und die Blinden gerieten in einen heftigen Streit über das wahre Wesen des Elefanten. Kein bisschen anders, so Buddha, verhalte es sich mit den Wahrheiten der Brahmanen und Asketen über die Götter:

> Wahrlich, an diesen Dingen hängen einige Brahmanen und Asketen; sich entzweiend streiten sie sich, die nur einen Teil erfassen.[5]

Es gehe aber darum, das Ganze zu verstehen. Es sei beispielsweise falsch, so Buddha, für Teilaspekte der Welt verschiedene Gottheiten zu erfinden, also jeweils eine für Gesundheit, Fruchtbarkeit, Weisheit, Ernte- oder Kriegsglück und eine für die Entstehung der Welt. Die damals übliche Erklärung allen Anfangs durch einen Schöpfergott namens Brahma lehnt Buddha ebenso ab, wie die hinduistische Lehre von der ewigen Wiedergeburt und der Unsterblichkeit der individuellen Seele. Ganz besonders lehnte er den religiösen Brauch der Brahmanen ab, die Götter mit Tieropfern milde zu stimmen.

Verglichen mit den Vorstellungen seiner Zeitgenossen ist Buddhas Kerngedanke von einer solchen Radikalität und Nüchternheit, dass es verwundert, dass er von den Menschen überhaupt verstanden werden konnte. Denn für Buddha besteht das höchste Ziel des Menschen darin, in das Nirvana einzugehen und das heißt, ein für alle Mal zu ‚verlöschen'. Seinen Mönchen und auch allen anderen, die sich ihm an- schließen, empfiehlt er

[…] das Zurruhekommen der […] Triebkräfte, das Freiwerden von allen Daseinssubstraten, die Vernichtung des Lebensdurstes, das Freiwerden von der Leidenschaft, das Vergehen und das Verlöschen.[6]

‚Verlöschen' ist die wörtliche Übersetzung von ‚Nir- vana'. Dieser in den indischen Sprachen Sanskrit und Pali „Nirvana" oder „Nibbāna" genannte Zustand ist die erlösende Endform, die ein Mensch erreichen kann, wenn er den Sinn des Lebens in seiner ganzen Tragweite erkannt hat:

Die Erlösung wahrlich hat das Nibbāna zum Ziel.[7]

Buddha selbst benötigte viele Jahre, um den Sinn des Lebens zu entschlüsseln und die Dimension des Nirvanas zu erreichen. Er wurde unter dem Namen Siddharta Gautama als adeliger Sohn eines angesehenen Kriegerfürsten geboren und in einem Palast großgezogen. Mit sechsundzwanzig Jahren verließ er seine behütete Welt und zog als Sramane, als sogenannter „Hausloser" umher. Er lebte als Bettler von Almosen und schloss sich verschiedenen brahmanischen Meistern und Asketen an. Doch weder deren Lehren noch die Askese durch anhaltendes Hungern brachten ihn ans Ziel. Erst nach sechs Jahren vergeblicher Bemühungen kam er mitten in der Natur unter einem Pappelfeigenbaum zu seiner erlösenden Erkenntnis, zur Entdeckung der „vier edlen Wahrheiten".

Diese vier Wahrheiten bilden seither den Kern der buddhistischen Lehre. Sie sind von überwältigender

Klarheit und Einfachheit. Erstens: Das Leben bedeutet Leiden. Zweitens: Dieses Leiden hat eine Ursache. Drittens: Die Ursache kann aufgehoben werden und viertens, es gibt einen konkreten Weg, der zur Aufhebung des Leidens führt:

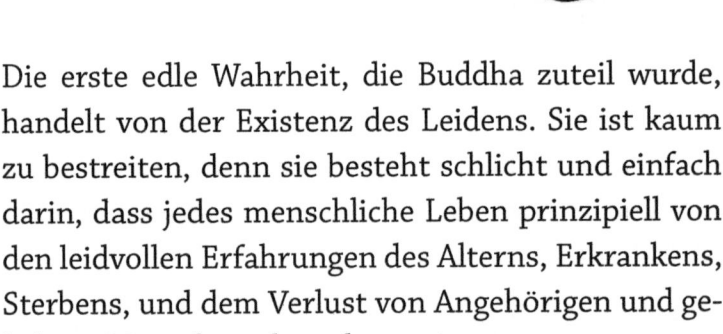

Nachdem [...] jene vier edlen Wahrheiten in voller Reinheit mir zu eigen waren, erkannte ich [...], daß ich [...] der völligen Erleuchtung teilhaftig geworden war.[8]

Die erste edle Wahrheit, die Buddha zuteil wurde, handelt von der Existenz des Leidens. Sie ist kaum zu bestreiten, denn sie besteht schlicht und einfach darin, dass jedes menschliche Leben prinzipiell von den leidvollen Erfahrungen des Alterns, Erkrankens, Sterbens, und dem Verlust von Angehörigen und geliebten Menschen überschattet ist:

Alter ist leidvoll, Krankheit ist leidvoll, der Tod ist leidvoll, von Lieben getrennt sein ist leidvoll [...]. Kurz, die [...] Daseinsfaktoren, die das Hängen an der Welt verursachen sind leidvoll.[9]

Kein Anti-Aging-Programm und keine Frischzellen-kur können uns nachhaltig von den Zumutungen des Alterns befreien. Und nichts kann verhindern, dass wir im Leben auch liebgewonnene Menschen verlieren. Statt uns dagegen zu sträuben müssen wir uns, so Buddha, das Entstehen und die Ursachen des Leidens genauer anschauen. Und hier kommt die zweite der vier edlen Wahrheiten ins Spiel, die Frage nach den Ursachen. Die Ursachen des Leidens sind, so Buddha, letztlich nur unsere je eigenen Wünsche nach Jugend, Unversehrtheit, Gesundheit, Unver-gänglichkeit und Glück. Doch das Leiden an diesen Bedürfnissen ist nur dadurch bedingt, dass wir ihre Erfüllung oder Nicht-Erfüllung mit unseren Sinnen wahrnehmen, fühlen und reflektierend auf unser Ich-Bewusstsein beziehen. Tun wir es nicht mehr, so

Buddhas dritte Wahrheit, dann hat auch das Leiden ein Ende. Die vierte Wahrheit beschreibt dann den konkreten Weg, den berühmten „achtfachen Pfad", den wir beschreiten müssen, um dahin zu kommen. Deshalb kann Buddha sagen:

> [...] das Entstehen des Leidens muß verlassen werden. Das Vergehen des Leidens muß bewirkt werden, der Pfad, der zur Vernichtung des Leidens führt, muss geschaffen werden.[10]

In seinem vielzitierten „achtfachen Pfad", also der vierten edlen Wahrheit, beschreibt uns Buddha detailliert, wie wir Stufe für Stufe vorankommen, um uns am Ende selbst vom Leid zu befreien. Dabei, und das ist wichtig, erlöst uns im Unterschied zu monotheistischen Religionen kein Gott, kein Erlöser und kein Priester, der uns Absolution erteilt. Es gibt im Buddhismus auch keine Erbsünde, keinen jüngsten Tag und keinen strafenden Gott, der am Ende des Lebens über uns richtet. Es sind einzig und allein wir selbst, die wir uns aus eigener Anstrengung vom Leid befreien müssen. Diese Befreiung erfordert allerdings in einem letzten Schritt die völlige

Überwindung des Ich-Bewusstseins und jedweder Ich-Bezogenheit, sowohl der Gefühls- als auch der Verstandeswelt. Erst dann erreichen wir die erhellende Dimension des Nirvanas als dem Vollzug der vierten und letzten Wahrheit. Buddha beschreibt sein eigenes ‚Erwachen' folgendermaßen:

> Und mir, der ich selbst der Geburt, dem Alter, der Krankheit, dem Tod, dem Leiden und der Befleckung unterworfen war, ward da die wahre Erkenntnis zuteil. Und ich [...] erlangte [...] das Nibbāna, die Ruhe vom Tun.[11]

Das Teilhaftigwerden der ‚wahren Erkenntnis' erklärt auch seinen Namen. ‚Buddha' heißt in der indischen Sanskrit-Sprache ‚der Erleuchtete' oder wörtlich übersetzt ‚der Erwachte'. Deshalb wurde er nach seiner Entdeckung der vier edlen Wahrheiten, die er im Gazellenpark von Benares erstmals der Welt verkündete, nicht länger mit seinem Geburtsnamen Siddharta Gautama angesprochen, sondern als ‚Buddha', als der Erwachte. Das zentrale Moment dieses Erwachens war die Nirvana-Erfahrung.

Man kann sagen, wer den Begriff Nirvana und somit das Ziel der vierten edlen Wahrheit versteht, hat auch Buddhas Kerngedanken verstanden. Aber genau darin liegt die große Herausforderung. Der Begriff Nirvana und das, was Buddha mit ihm verbindet, ist für unser – von Logik und Ausschluss geprägtes – westliches Denken nicht ganz so einfach zu verstehen. Wörtlich übersetzt heißt Nirvana, wie bereits erwähnt, ‚Erlöschen'. Und tatsächlich geht es Buddha im Kern um das Erlöschen des Ichs, das Erlöschen der Sinne, das Erlöschen des Denkens, das völlige Aufgehen im Universum, jenseits jeder individuellen Selbstwahrnehmung.

Doch dieses Erlöschen ist eben in letzter Präzision nicht so einfach zu definieren. Es ist nämlich weder, wie man zunächst meinen könnte, der Zustand des Todes, also des totalen Nicht-Seins, noch des lebendigen Seins. In der westlichen binären Logik gibt es immer nur zwei Möglichkeiten: Entweder ist etwas so oder es ist nicht so. Etwas hat eine Eigenschaft oder es hat diese nicht. Beides zugleich ist unlogisch und damit unmöglich.

Deshalb wurde Nirvana in Europa lange Zeit mit

‚Nichts' übersetzt, als a privativum oder logisches Gegenteil zu ‚Etwas' und infolgedessen der Buddhismus als Nihilismus etikettiert, dessen Ziel das Aufgehen im Nichts sei. Dieses Nirvana-Verständnis erfasst aber nur einen Teil seiner ursprünglichen Bedeutung. Der Begriff Nirvana beschreibt zwar einerseits das ‚Nichts' als einen Zustand des Nicht-Seins, insofern wir unser Ich-Bewusstsein, unsere Gefühle, unser Denken und unsere gesamte Selbstbezüglichkeit hinter uns lassen. Andererseits ist es aber kein totales Nichts oder Nicht-Sein im Sinne eines biologischen Todes.

Was also bedeutet konkret das Eingehen in das Nirvana? Sind wir noch da oder nicht? Ist der Meditierende, dem es gelingt, sich von seiner Singularität, seinem Ich-Bewusstsein komplett zu befreien, noch lebendig? Ist er noch ein erkenntnisfähiges Subjekt oder hat er mit seiner Subjektivität gleichzeitig auch jeden Boden möglicher Wahrnehmung und der Erinnerung verloren?

Buddha entdeckt und berichtet uns von der faszinierenden Möglichkeit, das Nirvana prämortal, also schon zu Lebzeiten zu erfahren, sich zeitweise von allen Bedürfnissen sowie dem Ich-Bewusstsein zu befreien und nach dieser tiefen spirituellen Erfahrung wieder in den Alltag zurückzukehren. Und, so

Buddha, wenn es uns gelingt, diese Erfahrung des ‚Erlöschens' unserer Raum-Zeit-Wahrnehmung und unseres Bewusstseins zu machen, kann dies den Zumutungen des Lebens und der Unausweichlichkeit des Todes seine ganze Schwere nehmen:

> Es gibt [...] einen Bereich, wo [...] die Sphäre der Unendlichkeit des Raumes und der Unendlichkeit des Bewußtseins nicht mehr besteht. [...] Keinen Grund gibt es mehr, für das Sehnen nach dem Leben. Dies ist das Ende des Leides.[12]

Buddhas Kerngedanke ist letztlich von bestechender Klarheit. Leben bedeutet Leiden, aber aus diesem Leiden gibt es einen Ausweg. Indem wir unsere Bedürfnisse und unsere Singularität überwinden, können wir unser Dasein auf dreifache Weise neu erfahren und leben: Mit existenzieller Gelassenheit, in Anteilname und Verbindung mit anderen Wesen, bei einer gleichzeitig intensiveren und präsenteren

Wahrnehmung der Welt. Der Buddhist führt angesichts der Ausrichtung auf das Nirvana im Alltag keineswegs nur, wie man zunächst meinen könnte, ein rein spirituelles oder lebensabgewandtes Leben, sondern gewinnt gerade durch die neue Perspektive eine ungetrübte und wache Haltung für das ihn Umgebende:

> Beim Kommen und beim Gehen ist ein solcher aufmerksam, beim Hinblicken und Wegblicken gibt er acht [...], ist [...] aufmerksam beim Essen und Trinken, beim Kauen und Schlucken, [...] beim Sprechen, beim Schweigen [...].[13]

Daraus, so Buddha, ergibt sich die Richtschnur für das Zugehen auf die anderen Menschen und das Verhältnis zur Welt:

> Klar bewußt [...] und achtsam, das sei [...] unser Gebot.[14]

Buddha zeigt uns in seinem berühmten „achtfachen Pfad", wie wir schrittweise zu dieser wachen Lebenshaltung und zur Befreiung von allen Abhängigkeiten gelangen können.

Ist er aber im eigentlichen Sinne noch ein Philosoph? Beruht seine Lehre nicht letztlich auf einer spirituellen Erfahrung? Zweifellos ist Buddha erst in der Meditation, oder wie es wörtlich heiß, in der ‚Vertiefung' zu seinem Kerngedanken von den vier edlen Wahrheiten gekommen. So gesehen kann vielleicht nur derjenige seine Lehre wirklich nachvollziehen, der diese Erfahrung selbst gemacht hat. Aber auch für alle anderen, denen dies ein Leben lang nicht gelingt – und das ist mit Sicherheit die überragende Mehrheit – lohnt es sich, den Weg des Buddha ein Stück weit mitzugehen und sich philosophisch mit ihm auseinanderzusetzen.

Der Kerngedanke Buddhas ist nämlich, nachdem er ihn erst einmal formuliert hat, sehr wohl auch rational nachvollziehbar und kann auf seinen Nutzen hin befragt werden. Sind seine großen vier Wahrheiten richtig? Ist der achtfache Pfad für uns gangbar? Welche ethische Handlungsorientierung ergibt sich daraus? Und: Stößt er uns nicht mit seiner Kritik an der Selbstsucht und rastlosen Aneignung der Welt auf das derzeit größte Problem der Menschheit?

Buddhas Kerngedanke

Das Erwachen – wie Siddharta zum Buddha wurde

Buddhas Leben liest sich zunächst wie ein Märchen. Er wird als Prinz Siddharta Gautama, Sohn des Königs Suddhodana Gautama[15] in Nordindien geboren. Ein Leben in Wohlstand, Überfluss und Machtfülle scheint ihm vorbestimmt. Doch bereits vor seiner Geburt hat seine Mutter Maya einen visionären Traum. Der Königin erscheint ein weißer Elefant und prophezeit, dass das Kind im Mutterleib später einmal ein großer religiöser Führer werden wird. Ihr Mann, der König Suddhodana, ist von diesem Traum zutiefst beunruhigt, denn er hat für seinen künftigen Sohn ganz andere Pläne. Der Prinz soll auf keinen Fall spirituell, sondern auf das Kriegshandwerk hin erzogen werden, um später einmal den Thron des Vaters zu übernehmen. Als Maya sieben Tage nach der Geburt von Prinz Siddharta stirbt, lässt der König seinen Sohn sofort isolieren. Völlig abgeschieden von der Außenwelt wird er im Palast von einer Pflegemutter und zahlreichen Bediensteten großgezogen und an der Waffe ausgebildet.

Der dazugehörige Park, in dem der Prinz Siddharta aufwächst, ist reich an exotischen Pflanzen und Tieren. Mehrere Lotusteiche mit blauen, weißen und roten Blüten werden extra für ihn angelegt. Bei Tag und Nacht hält man einen weißen Schirm über ihn, so dass weder Hitze und Kälte noch Staub und Tau seine Haut berühren. Mit sechzehn Jahren wird er verheiratet und seine wunderschöne Frau schenkt ihm ein Kind. Dem jungen Prinzen fehlt es an nichts. Und doch zieht es ihn – gegen den Willen seines Vaters – hinaus in die Welt außerhalb der Palastmauern.

Heimlich fährt er mit der Kutsche durch die vier Tore in alle Himmelsrichtungen. Bei seinen legendären ‚vier Ausfahrten‘ nach Norden, Osten, Süden und Westen begegnet er der Reihe nach einem Kranken, einem Alten, einem Sterbenden und einem Asketen. Ihm wird klar, dass er im Palast in einer Scheinwelt lebt, und er beschließt, fortan nach der Wahrheit zu suchen. Er verabschiedet sich von Frau und Kind, lässt alles zurück und reitet auf seinem Pferd in die Welt hinaus, wo er nach sechs entbehrungsreichen Jahren der Suche zur Erleuchtung kommt.

Soweit die Legende. Der reale Buddha oder ‚historische Buddha‘[16] war kein echter Prinz und sein Vater kein echter König. Zwar stammte Buddha tatsächlich aus der Familie Gautama und damit aus einer Kriegerkaste, der sogenannten Sakya-Sippe, doch sein Vater war nur der Verwalter eines Gebietes im Auftrag des mächtigeren Königs von Kosola. Die schriftlichen Quellen bezeichnen den Vater als ‚Raja‘, was übersetzt sowohl ‚Regent‘ eines Gebietes als auch ‚König‘ einer Erbmonarchie bedeutet.

Wahrscheinlich hat diese Doppeldeutigkeit des Wortes auch der späteren Stilisierung Buddhas als Königssohn Vorschub geleistet. Zudem war sein Elternhaus im Vergleich zu den üblichen Behausungen der damaligen Zeit wahrscheinlich eher ein größerer Lehmbau als ein Marmor-Palast. Und schließlich besaß er auch keine Pferde. Diese von Historikern rekonstruierten Details spielen aber letztlich keine Rolle hinsichtlich der Kernaussage der Legende. Buddha, das konnte rekonstruiert werden, stammt tatsächlich aus einer adeligen Familie. Er wird mit sechzehn Jahren mit dem Sakya-Mädchen Yasodhara verheiratet, die ihm einen Sohn gebiert. Und ziemlich sicher wurde er, wie damals üblich, auch noch mit weiteren Frauen verheiratet. Er selbst erinnert sich:

Ich kenne keinen Körper, keine Stimme, keinen Geruch, keinen Geschmack, keine Berührung, die das Denken des Mannes so fesseln wie Körper, Stimme, Geruch, Geschmack und Berührung einer Frau.[17]

Doch während seiner Exkursionen lernt Siddharta eben auch das harte Leben außerhalb des behüteten Elternhauses kennen. Als Heranwachsender beginnt er bereits über seine freudvolle Welt des Genusses nachzudenken und diese gleichzeitig in Frage zu stellen:

Mir wurde klar: Wodurch Glück und Freude entstehen, ist in der Welt Genuss. Aber daß die Welt vergänglich ist, leidvoll und einem Wandel unterliegt, ist ihr Elend.[18]

Und Siddharta stellt fest, dass kein Genuss, mag er auch noch so groß sein, von Dauer ist. Er unterliegt wie alle Dinge dem Wandel und der Vergänglichkeit. Fortan beschäftigt ihn die Frage, ob es etwas gibt, das über dieses Gesetz von Wandel und Vergänglichkeit hinausgeht. Er beschließt, sich auf die Suche zu machen und sein Elternhaus zu verlassen. Möglicherweise war die Geburt seines Sohnes und damit die Sicherstellung eines Erben die Vorausetzung dafür, dass sein Vater widerwillig zustimmen musste und ihn ziehen ließ:

[...] in der Blüte meines Lebens, rasierte ich mir Kopf- und Barthaar ab, zog die gelbe Robe an und ging von zu Hause fort in die Hauslosigkeit, obwohl meine Mutter und der Vater das nicht wünschten und mit tränenüberströmtem Gesicht weinten.[19]

Sein ganzes Leben zieht er fortan als ‚Sramane‘, als sogenannter Hausloser umher und erbettelt sich seinen Lebensunterhalt. Allerdings muss man bedenken, dass ‚Hauslose' im damaligen Indien ein weitaus größeres Ansehen genießen als heutige Bettler in den Großstädten. Hauslose werden in Dörfern und Städten durchaus wohlwollend empfangen und ernährt. Das hängt damit zusammen, dass es damals keinerlei Medien gibt und die von weither kommenden Hauslosen den Dorfbewohnern spannende Geschichten von anderen Regionen und Ereignissen berichten können. Nicht selten stehen die Hauslosen den Dorfbewohnern auch mit Rat und Tat zur Seite, den Bauern mit Wetterprognosen, den Kranken mit Heilungswissen, den Sündern mit Erlösungspraktiken, den Kriegern mit einem Pfeilzauber, der sie vor Verletzungen schützt. Unter den Sramanen befinden sich also Hellseher und Zauberkünstler ebenso wie Erlösungslehrer, Heiler, Philosophen und Asketen. So unterschiedlich sie auch auftreten, gemeinsam ist ihnen, dass sie auf ihre Stellung im Kastenwesen, auf Besitz und familiäres Leben völlig verzichten.

Siddharta selbst schließt sich zunächst zwei Erlösungs-Sramanen an, deren Theorien er aber bald wieder verwirft. Er zieht weiter und versucht zusammen mit fünf Asketen durch strenges Fasten zu einer Inspiration zu kommen. Dabei vereinbaren sie, dass derjenige von ihnen, der in der Askese zuerst die Wahrheit erkennt, sie den anderen sofort offenbart.

Siddharta fastet am konsequentesten von allen und wird dafür von den anderen bewundert:

> Weil ich so wenig aß, ragten meine Rippen heraus, so hager wie die baufälligen Dachsparren einer

> alten, ungedeckten Scheune [...]. Weil ich so wenig aß, stürzte ich beim urinieren oder beim Stuhlgang auf das Gesicht. Weil ich so wenig aß, fiel mir das an den Wurzeln verfaulte Haar aus [...].[20]

Doch die radikale Askese wird für Siddharta zunehmend lebensbedrohlich. Er spürt, dass er bald sterben wird, wenn er diesen Weg weiter geht. Schließlich gesteht er sich ein:

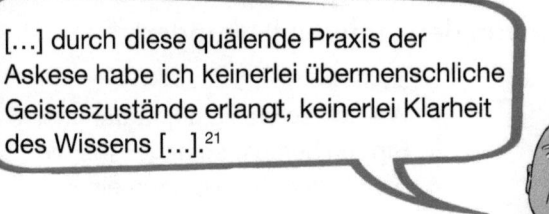

[...] durch diese quälende Praxis der Askese habe ich keinerlei übermenschliche Geisteszustände erlangt, keinerlei Klarheit des Wissens [...].[21]

Und er stellt sich die Frage:

Könnte es einen anderen Pfad zum Erwachen geben?[22]

Siddharta erkennt, dass ihn weder die totale Askese, noch die Übererfüllung sämtlicher Bedürfnisse – wie dies in seinem Elternhaus der Fall war – zu tieferen Erkenntnissen führen können. Und so wie er zuvor sein luxuriöses Elternhaus von einem auf den anderen Tag verlassen hat, bricht er nun die Askese ab und beschließt zukünftig einen mittleren Weg zu gehen:

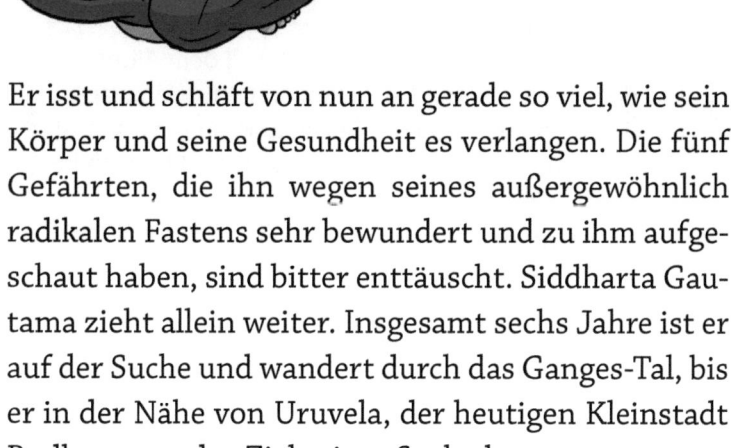

Zwei gegensätzliche Verhaltensweisen gibt es
[…]. Die eine, die bei den Begierden sich und der
Lust und Freude hingibt […] und jene die sich der

Selbstpeinigung weiht […]. Diese
beiden Gegensätze vermeidend, führt
der mittlere Pfad […] zur Ruhe, zum
Wissen, zur Erleuchtung […].[23]

Er isst und schläft von nun an gerade so viel, wie sein
Körper und seine Gesundheit es verlangen. Die fünf
Gefährten, die ihn wegen seines außergewöhnlich
radikalen Fastens sehr bewundert und zu ihm aufge-
schaut haben, sind bitter enttäuscht. Siddharta Gautama zieht allein weiter. Insgesamt sechs Jahre ist er
auf der Suche und wandert durch das Ganges-Tal, bis
er in der Nähe von Uruvela, der heutigen Kleinstadt
Bodhgaya an das Ziel seiner Suche kommt:

> Dort sah ich ein liebenswürdiges Stück Land, einen lieblichen Hain, mit einem klar dahinströmenden Fluß mit angenehmen, sanft ansteigenden Ufern, und in der Nähe ein Dorf für den Almosengang. [...] Und ich setzte mich nieder und dachte: ,Dies wird meinen Bemühungen dienlich sein.'[24]

In vier langen aufeinander folgenden Meditationen gelingt es ihm, die Unwissenheit hinter sich zu lassen, die durch das Gefesselt-sein an die Welt entsteht:

> [...] nachdem ich selbst der Geburt, [...] dem Altern, [...] dem Tode, [...] der Befleckung unterworfen war, die Gefahr in dem, was der Befleckung unterworfen ist, erkannt hatte [...], erlangte ich die unbefleckte höchste

> Sicherheit vor dem Gefesseltsein, Nibbāna. Das Wissen und die Schauung erwuchs mir: ,Meine Befreiung ist unerschütterlich'.[25]

Siddharta Gautama wird mit fünfunddreißig Jahren zum Buddha, zum ‚Erleuchteten' oder wörtlich übersetzt zum ‚Erwachten'. Der Überlieferung nach geschah dies unter einer Pappelfeige in der ersten Vollmondnacht im Monat Vesakha, also nach europäischer Zeitrechnung im April 528 v. Chr. Dieser Tag ist bis heute der höchste Feiertag der buddhistischen Welt. Die Pappelfeige wird seither als Bodhi-Baum, als ‚Baum der Weisheit' verehrt.

Die erste der vier edlen Wahrheiten: Leben heißt leiden

Von seinem Erleuchtungserlebnis unter dem Feigenbaum zurückgekehrt, nähert sich Buddha den fünf Asketen, mit denen er vormals gefastet hat. Zuerst wollen sie ihn nicht mehr aufnehmen, da er vom Weg der Askese abgewichen ist:

Je mehr ich mich jedoch den fünf Mönchen näherte, desto weniger vermochten sie auf ihrem Vorsatz zu beharren [...].[26]

Als die Asketen seine ersten Worte hören, spüren sie, dass er verändert und inspiriert zurückgekehrt ist. Im Gazellenpark Ispatana in der Nähe von Benares hält er ihnen die berühmte Rede von den vier edlen Wahrheiten, die als Kerngedanken des Buddhismus später weltweite Beachtung erfahren. Der Überlieferung nach setzt Buddha damit ‚das Rad der Lehre‘ in Gang. Die vier edlen Wahrheiten sind Erkenntnis, Ursache, Ende und Aufhebung des Leidens. Die vier Wahrheiten werden in späteren Reden immer weiter ausgeführt. *Die erste der vier edlen Wahrheiten* ist einfach zu verstehen. Menschliches Leben ist automatisch mit Leiden verbunden. Es beginnt mit den Strapazen bei unserer Geburt und setzt sich immer weiter fort:

Geburt ist leidvoll, Alter ist leidvoll, Krankheit ist leidvoll, der Tod ist leidvoll, von Lieben getrennt sein ist leidvoll [...]. Kurz, die [...] Daseinsfaktoren [...] sind leidvoll.[27]

Die verschiedenen Daseins-Faktoren, die von Menschen leidvoll erlebt werden, lassen sich kaum bestreiten. Sie haben zweifellos existenziellen Charakter. Jeder Mensch macht über kurz oder lang die schmerzhafte Erfahrung, dass er Krankheiten, Unfällen, Alter und körperlichem Verfall ausgesetzt ist. Und jeder von uns weiß, was es bedeutet, „von Lieben getrennt zu sein", also Angehörige, Freunde oder liebgewonnene Menschen zu verlieren. Deshalb kann Buddha sagen:

Wahrlich, diese edle Wahrheit vom Leiden muss erkannt werden [...].[28]

Man könnte nun aber einwenden, dass Buddha völlig übersieht, dass es im Leben auf der anderen Seite ja auch viele erfreuliche Erfahrungen und große Glücksmomente gibt. Buddha leugnet diese Glücksmomente nicht, doch sind sie eben immer nur Momente und von kurzer Dauer. Wahres Glück aber, so

Buddha, bedarf der Beständigkeit. Und tatsächlich versuchen wir immer wieder glückliche Momente, Erfahrungen und Wünsche dauerhaft abzusichern. So versprechen sich beispielsweise glücklich verliebte Paare in der Hochzeitszeremonie zusammenzubleiben, ,bis dass der Tod sie scheidet'. Doch oft kommt es anders. Denn, so Buddha, keine Freude, die das Leben beschert, kann festgehalten werden und lässt sich hundertprozentig absichern. Im Gegenteil, umso mehr Menschen und Dinge wir lieben, umso stärker werden wir deren Verlust und Vergänglichkeit spüren:

> Wer hundert liebe Dinge hat, […] hat hundert Leiden; wer neunzig, zehn […], fünf […] liebe Dinge hat, hat neunzig, […] zehn, […] fünf Leiden; welche Leiden in der Welt es auch gibt: durch Liebes bedingt entstehen sie.[29]

Menschen, so Buddha, leiden aber nicht nur am Verlust von geliebten Menschen und Dingen, sie leiden oftmals auch daran, dass sie etwas, was sie lieben, erst gar nicht bekommen: Etwa Paare, deren Kinderwunsch unerfüllt bleibt, Künstler, deren Werke nie gewürdigt werden, Singles, die ihren Traumpartner nicht finden, Schauspielschüler, die nach ihrer Ausbildung keine Rolle bekommen, ihre Passion nie ausüben können und überhaupt alle Menschen, deren private oder beruflichen Ziele letztlich unerfüllt bleiben.

[…] nicht bekommen, was man sich wünscht, ist Dukkha (Leiden);[30]

Zudem leiden wir auch, so Buddha, an der Sorge, dass wir das, was wir gerade haben, in Zukunft wieder verlieren, sei es den geliebten Partner, das Kind, den Job, die Gesundheit oder unsere Jugend. Leben bedeutet also Leiden. Dieser ersten fundamentalen Wahrheit lässt Buddha nun die zweite folgen.

Die zweite der vier edlen Wahrheiten: Die Ursache des Leidens

Die zweite der vier edlen Wahrheiten offenbart uns den Grund, beziehungsweise die tiefere Ursache für unser Leiden. Um die Ursache des Leidens zu verstehen, empfiehlt uns Buddha einen unerwarteten und radikalen Perspektivenwechsel. Die tiefere Ursache für unser Leiden ist nämlich, so Buddha, gar nicht mal das, was uns an Unglück, an Unvorhergesehenem und an Unbeständigkeit widerfährt, sondern die Art und Weise, wie wir damit umgehen. Das Eintreten von Alter, Krankheit und Tod entspringt letztlich den natürlichen Gesetzmäßigkeiten unseres Daseins. Das eigentliche Problem dabei ist erst unsere Haltung, mit der wir diesen Gesetzmäßigkeiten begegnen. Wir sehen Verluste, Altern oder den Tod als persönliche Zumutungen, als Kränkungen und ungerechtfertigte Qualen. Buddha belehrt uns eines Besseren. Exemplarisch dafür steht die Geschichte von der Frau und den drei Körnern Getreide.

Eine Frau gebiert endlich das Kind, das sie sich so sehr gewünscht hat. Doch kurz nach der Geburt stirbt es. Die Frau will das nicht wahrhaben und redet sich ein, es sei nicht tot, sondern nur krank und müsse geheilt werden. Sie hält das tote Kind fest umklammert und bittet die Dorfbewohner um Hilfe. Diese schicken sie zu Buddha, der gerade im Nachbardorf ist. Tatsächlich verspricht Buddha, ihr zu helfen. Sie müsse ihm dafür allerdings ein paar Körner Getreide von drei verschiedenen Häusern ihres Dorfes bringen, in denen noch niemand gestorben ist. Die Frau macht sich auf den Weg. Selbstverständlich sind alle Haushalte gerne bereit, der armen Frau ein paar Körner Getreide zu schenken, doch müssen alle einräumen, dass in ihren Häusern bereits Menschen gestorben sind, sogar weitaus mehr als derzeit darin leben. Viele brechen wegen der traurigen Erinnerungen in lautes Wehklagen aus. Durch die Begegnung mit dem vielfachen Leid in allen Häusern beginnt die Frau zu begreifen, dass das, was ihr zugestoßen ist, nur Teil des universellen Gesetzes vom Sterben alles Lebendigen ist. Sie kann Abschied nehmen, ihr Kind begraben, kehrt zu Buddha zurück und folgt ihm fortan auf seinem Weg des Erwachens.

Der Perspektivenwechsel vom rein subjektiv empfundenen persönlichen Leid hin zur Objektivität universeller Gesetzmäßigkeiten ist der erste Schritt, die tieferen Ursachen des Leidens an der Welt zu erkennen. In einem zweiten Schritt geht es nun darum, die einzelnen Bedingungen zu erfassen, die es überhaupt erst ermöglichen, dass wir das Leid als persönliches Leid auf uns beziehen. Hier greift Buddhas berühmte Lehre vom ‚bedingten Entstehen‘, die sogenannte ‚Paṭiccasamuppāda‘, wörtlich übersetzt die Lehre vom ‚Entstehen in Abhängigkeit‘:

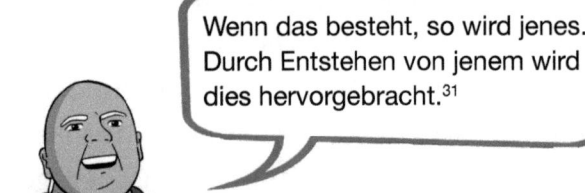

> Wenn das besteht, so wird jenes. Durch Entstehen von jenem wird dies hervorgebracht.[31]

Buddha stellt die grundlegende Frage: Was ist die Bedingung dafür, dass in mir überhaupt so etwas wie der Eindruck von Leid entstehen kann? Was muss vorhanden sein, dass beispielsweise Alter, Krankheit und Sterben da ist? Seine Antwort lautet:

> Welches Leid auch immer entsteht und in Erscheinung tritt, das hat stets als Wurzel das Begehren [...].[32]

Wenn wir etwas nicht begehren, leiden wir auch nicht daran, es nicht zu bekommen oder zu verlieren. Wenn wir beispielsweise unsere Jugend nicht begehren, spielt auch das Altern keine Rolle. Doch das genügt Buddha noch nicht. Er fragt weiter. Was ist die Bedingung dafür, dass wir überhaupt begehren können?

Dies sind [...] die Grundlagen, aus denen das Begehren erwächst. [...] Die durch das Auge wahrzunehmenden Formen, die erwünschten, begehrten, angenehmen, lieblich gestalteten, die ersehnten, die erregenden. Die durch das Ohr

zu hörenden Töne [...] und ebenso die durch die Nase zu riechenden Düfte, die durch die Zunge zu kostenden Geschmacksarten, die durch den Körper zu ertastenden Berührungen.[33]

Auch das ist plausibel. Das Begehren wird erst möglich, wenn wir zuvor das Begehrte mit unseren Sinnen wahrnehmen, egal ob wir ein gutes Essen riechen, eine attraktive Person sehen oder eine verlockende Melodie hören. Die Sinneseindrücke sind also die Bedingung für das Begehren. Doch was bedingt wiederum diese Sinneseindrücke? Was muss vorhanden sein, dass wir sie überhaupt verarbeiten können?

[...] durch Name und Gestalt bedingt ist die Sechsheit der Sinnesbereiche [...].[34]

Die Sinneseindrücke sind, so Buddha, nur deshalb so intensiv, weil wir in der Lage sind, sie mit unserem Bewusstsein bestimmten Namen und Gestalten zuzuordnen. Beispielsweise würden uns die vielen Töne, Schreie, Sprachfetzen und aufblitzenden Bilder eines Kinofilmes völlig überfluten, überfordern und letztlich in unserem Inneren rückstandslos verpuffen, könnten wir sie nicht auf den Begriff bringen, also Namen, Gestalten, Formen und Farben zuordnen und dadurch als sinnvolle Inhalte erfahren. Etwa als schön, hässlich, dramatisch, oder romantisch einordnen. So ordnen wir beispielsweise das Bild zweier junger Menschen, das Berühren ihrer Lippen, den Sonnenuntergang und die Musik der Gestalt ‚Kuss‘ zu oder das rote Kleid, das wehende Haar, die braunen Augen, die kurvenreiche Figur und die bezaubernde Stimme der Gestalt ‚wunderschöne Frau‘.

Doch was bedingt wiederum unser Vermögen die sinnlichen Affekte bestimmten Namen und Gestalten zuzuordnen? Die Bedingung für dieses Zuordnen besteht in der Tätigkeit eines Bewusstseins. Es erzeugt Namen und Gestalten, indem es die Sinnesregungen auf das bezieht, was wir für unser ‚ich‘ oder unser ‚Selbst‘ halten, also auf unser singuläres Bewusstsein. So ist die Gestalt ‚schöne Frau‘ nur für uns, für unser Ich-Bewusstsein eine solche. Doch was ist die Bedingung dafür, dass wir das, was wir mit Namen und Gestalt versehen haben, überhaupt auf uns als einem singulären Bewusstsein beziehen? Was ist überhaupt die Bedingung für unser Bewusstsein? Es sind, so Buddha, die Triebkräfte, die das Bewusstsein als zuordnendes Bewusstsein erzwingen und es ein Leben lang in Atem halten, alles als ‚mein‘ und ‚dein‘ einzuordnen.

Als letztes fragt Buddha noch nach der Bedingung dieser Triebkräfte. Was bedingt die Entstehung von Triebkräften, die unser Bewusstsein dazu bringen, allen sinnlichen Wahrnehmungen Name und Form zu geben und damit unser Begehren nach ihnen zu wecken, das im Einzelfall erfüllt oder unerfüllt bleibt, letztlich aber immer zu Leid führt?

Durch das Nichtwissen bedingt sind die Triebkräfte [...].[35]

Das Nichtwissen ist also die Bedingung für das Entstehen der Triebkräfte. An dieser Stelle kommt eine ganz neue Dimension ins Spiel. Bislang waren alle bedingenden Faktoren unabänderlich. Das Begehren geht erst aus den Sinneswahrnehmungen, also der Möglichkeit des Hörens, Riechens, Sehens etc. hervor. Die Sinneswahrnehmungen sind bedingt durch die Namens- und Gestaltgebung, diese wiederum aus dem Bewusstsein und das Bewusstsein aus den Triebkräften. Bis hierhin scheint alles unabänderlich. Doch das Nichtwissen als Bedingung der Entstehung der Triebkräfte und somit als allererste Ursache erscheint veränderlich. Man kann das Nichtwissen durch Wissen ersetzen. Und hier bekommt Buddhas Lehre vom bedingten Entstehen seinen emanzipatorischen Impuls. Er selbst zieht folgendes Fazit und Resümee:

> Wenn das besteht, so wird jenes. Durch das Entstehen von jenem wird dies hervorgebracht. Wenn jenes nicht ist, so entsteht auch dies nicht. Durch das Aufhören von jenem wird dieses vernichtet.[36]

Die Pointe der Lehre vom bedingten Entstehen liegt im letzten Satz dieses Zitates: „Durch das Aufhören von jenem wird dieses vernichtet." Wenn es uns also gelingt, so Buddha, das Räderwerk der Abfolge des bedingten Entstehens zu unterbrechen, dann kann sich auch kein Leid mehr entwickeln. Es entfällt dann die gesamte Kette der Faktoren, die dazu führen, dass wir am Ende etwas begehren, vermissen oder verlieren können. Die Abfolge von Nichtwissen, Triebkräften, Bewusstsein, Namens- und Gestaltgebung, Sinnesregungen, Begehren und Leiden durch Alter und Tod kann durchbrochen werden, wenn wir aus dem Nichtwissen ein Wissen machen. Was das allerdings konkret bedeutet, ist von ungeheurer Tragweite. Diese Verwandlung von Unwissenheit in wahres Wissen, und dessen radikale Folgen offenbart uns Buddha in der dritten edlen Wahrheit.

Die dritte der vier edlen Wahrheiten: Die Aufhebung des Leidens

Die dritte der vier edlen Wahrheiten zeigt uns, wie wir aus dem bedingten Entstehen ausbrechen und die Ursache des Leidens hinter uns lassen können. Der entscheidende Hebel, den wir ansetzen müssen, besteht darin, das Nichtwissen in Wissen zu verwandeln:

[...] durch das Aufhören des Nichtwissens vergehen die Triebkräfte. Durch das Erlöschen der Triebkräfte tritt das Aufhören des Bewußtseins ein. Schwindet

das Bewußtsein, so vergehen auch Name und Gestalt. Durch das Aufhören von Namen und Gestalt wird der Bereich der sechs Sinne ausgelöscht. Durch dessen Verschwinden tritt das

Vergehen der Berührung ein. Hört die Berührung auf, so ist auch das Gefühl verschwunden. Durch das Vergehen des Gefühls versiegt der Durst. Nach dem Aufhören des

Durstes schwindet der Hang nach dem Leben. Ist der Hang nach dem Leben zu Ende gekommen, so kommt das Werden zur Ruhe. Und wenn kein Werden mehr ist, gibt

es keine Geburt. Durch das Aufhören der Geburt vergehen Alter und Tod, es schwinden Leid, Klagen, Unglück, Verzweiflung und Ruhelosigkeit. So kommt es zum Aufhören all dieses Leides.[37]

Buddhas Lehre vom ‚bedingten Entstehen' wird von den Mönchen in den Jahrhunderten nach seinem Tod auch oft schematisch dargestellt.

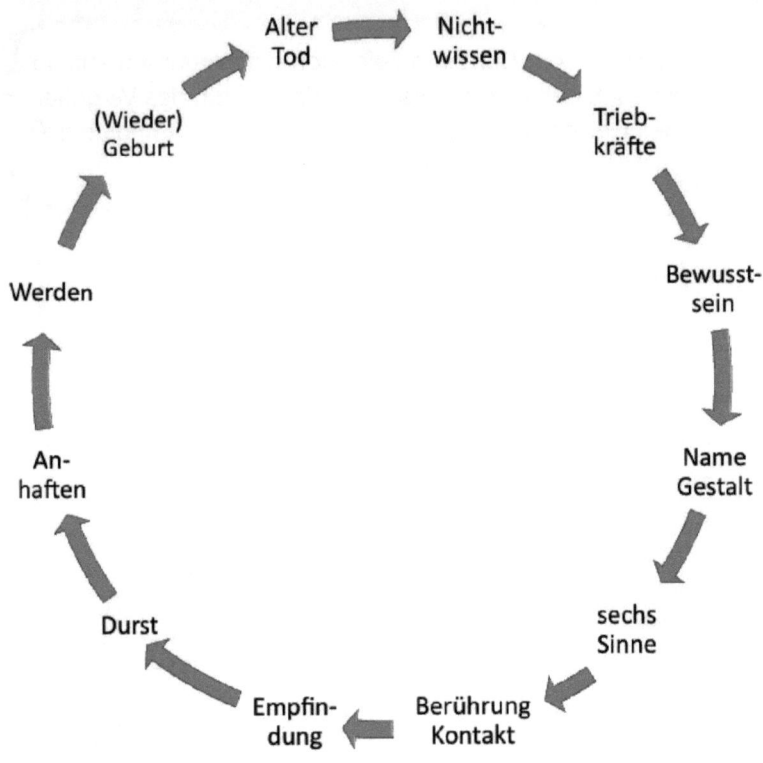

Was will uns Buddha mit dem radikalen Wegfall und der Emanzipation von allen Bedingtheiten sagen? Und was bedeutet es, dass es ganz am Ende kein Werden und keine Geburt, kein Alter und keinen Tod mehr gibt?

Zunächst einmal geht es Buddha in einem ersten Schritt darum, dass wir erkennen müssen, dass all

unser heftiges Begehren, unsere Wünsche und Lei-
denschaften keine unüberwindlichen realen Faktoren sind, sondern nur Folgen einer Haltung, die
dem Nichtwissen entspringt, einer Verblendung,
oder wie Buddha auch sagt, einer ‚Verunreinigung‘,
wonach die Triebkräfte und alles aus ihnen Hervorgehende für unabänderlich gehalten und fälschlicherweise ein Leben lang befriedigt werden. Ihr
‚bedingtes Entstehen‘ oder ihre ‚Entstehung in Abhängigkeit‘ wird dabei völlig übersehen:

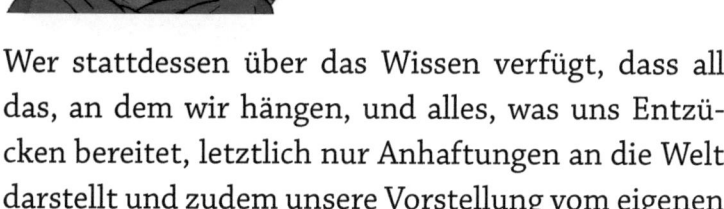

Fürwahr, die Menschen geben sich
dem hin, an dem sie hängen, streben
nach ihm und finden ihr Entzücken
daran. Für ein Wesen von solcher Art
ist [...] das Gesetz der Entstehung in
Abhängigkeit schwer zu schauen.[38]

Wer stattdessen über das Wissen verfügt, dass all
das, an dem wir hängen, und alles, was uns Entzücken bereitet, letztlich nur Anhaftungen an die Welt
darstellt und zudem unsere Vorstellung vom eigenen

Ich-Bewusstsein falsch ist, kann sich von diesen Anhaftungen befreien, das eigene Begehren und damit
das Leid besiegen. Denn für Buddha sind sowohl die
Triebkräfte, als auch unser Ego, also unsere Vorstellung von uns selbst, als einem Ich-Bewusstsein, auf
das wir alles beziehen, letztlich nur eine Illusion, die
es zu überwinden gilt. Und man kann sie überwinden, indem man sich nicht länger blindlings dem ‚bedingten Entstehen' unterwirft:

> Wer nun aber [...] nicht [...] das Unterscheidungs-
> vermögen, die Triebkräfte und das Bewußtsein als
> das Selbst betrachtet, auch nicht das Selbst als ein
> solches, das Bewußtsein besitzt; nicht im Selbst das
> Bewußtsein und auch nicht im Bewußtsein das Selbst

> schaut, [...] wird von dem Fühlen,
> dem Unterscheidungsvermögen, den
> Triebkräften dem Bewusstsein frei. Frei
> ist er von Geburt, Alter, Tod, Unglück,
> [...] Niedergeschlagenheit und Unruhe,
> vom Leiden wird er erlöst;[39]

Jetzt tritt die ganze Radikalität zu Tage, die sich aus dem Wissen um das ,bedingte Entstehen' ergibt. Nicht nur unser Begehren muss letztlich als bedingt entstanden und unwirklich durchschaut werden, sondern auch unser im Alltag so unerschütterlicher Glaube an unser ,Ich-Bewusstsein', auf das wir alles und jedes beziehen:

> Gleich einem Hunde, der mit einem Riemen an den Pfosten gebunden, um diesen Pfosten [...] herumläuft [...] handelt ein unwissender, gewöhnlicher Mensch, [...] der die Gestalt als sein Selbst schaut, der [...] das Bewusstsein als sein Selbst ansieht.[40]

Weder, so Buddha, gibt es ein Bewusstsein, das sich als Selbst erkennt, noch ein Selbst, das als bewusstes Sein in der Welt ist. Das ,Nicht-Ich' beziehungsweise die ,Nicht-Selbstheit' zu erfahren, also einen Zustand zu erreichen, in dem jedes unterscheidende Denken und jeder Selbstbezug überwunden ist, gehört zum Kern der Nirvana-Erfahrung und ist zunächst schwer zu verstehen. Am ehesten nachvollziehbar ist zunächst noch Buddhas Behauptung, dass alles, was wir so tagsüber wahrnehmen, im Kleinen wie im Großen, nur einem bedingten Konstrukt entspringt, das nicht Außen ist, sondern zunächst einmal in unserem Inneren entsteht. Das gilt für die Wahrnehmung einer attraktiven Person, eines schönen Kunstwerkes, wie für das Weltall als Ganzes:

Was, Mönche, ist das All? – Das Auge und die Formen, das Ohr und die Töne, die Nase und die Gerüche, die Zunge und die Geschmäcke, der Körper und die Tastobjekte, das Denkorgan und die Denkobjekte.[41]

Buddha sagt uns damit unmissverständlich, dass alles und jedes, also die ganze Welt um uns herum, sogar das Weltall letztlich nur in uns selbst entsteht und zwar durch die Wahrnehmung mittels unserer Sinnesorgane. Doch dabei muss es nicht bleiben. Wer das bedingte Entstehen unserer Wahrnehmungen erkannt hat, weiß:

Es gibt […] ein Entkommen aus dem gesamten Feld der Wahrnehmung.[42]

Und das gilt nicht nur für die gesamte Außenwahrnehmung, sondern eben auch für die Wahrnehmung von uns selbst. Einer von Buddhas Mönchen tat sich damit offenbar schwer. Er überlegte, ob nicht doch prinzipiell immer ein Subjekt angenommen werden müsse und fragte „wer berührt, wer empfindet?". Buddha erwidert:

Die Frage ist nicht zulässig […]. Würde man mich […] fragen: „Aus welcher Voraussetzung […] entsteht Berührung?" ist die Frage zulässig. Die richtige Antwort ist hier: „Aus den sechs (Sinnes)Gebieten als Voraussetzung entsteht Berührung, aus der Berührung […] Empfindung."[43]

Buddha weist also die Frage nach einem Subjekt grundsätzlich zurück. Sie führe in die falsche Richtung und auf eine falsche Spur. Man müsse stattdessen versuchen, einen objektiven Standpunkt einzunehmen und die Wahrnehmung generell als Prozess begreifen, in dem sich auch die Selbstheit letztlich als bedingtes Phänomen erweist, als bloße Erscheinung, die es als solche zu durchschauen gilt. Der Mensch erschafft sich im Geiste nicht bloß eine Welt um sich herum, sondern er erschafft auch sich selbst. All unsere Vorstellungen, die wir von der Welt und uns selbst haben, ereignen sich letztlich nur in unserem, gerade mal eine Armlänge großen, Kopf, weshalb in diesem zugleich auch der Schlüssel zur Befreiung liegt:

Ich verkündige, Freund, dass in diesem eine Armspanne großen Körper mit seinem Wahrnehmen und Denken die Welt (liegt), die Entstehung der Welt, die Aufhebung der Welt und der Weg zur Aufhebung.[44]

Buddha fordert uns auf, unseren subjektiv konstruktivistischen Anteil am Entstehungsprozess der Welt mit unserem Wahrnehmen und Denken zu durchschauen, aufzuheben und an seiner Stelle den Weg in die Nicht-Selbstheit zu gehen. Wem dies gelingt, der sieht die Welt mit neuen Augen:

Er betrachtet das, was gesehen, gehört, empfunden, erfahren, erlebt, gesucht und geistig erwogen wird, so: ,Dies ist nicht mein, dies bin nicht ich, dies ist nicht mein Selbst.'[45]

Wir können dann eine Haltung absoluter Gelassenheit einnehmen und das Leiden überwinden. Es entscheiden nicht mehr länger die Umstände darüber, ob wir glücklich oder unglücklich sind. Nicht mal Alter und Tod werden von uns noch wahrgenommen. Wir sind dann aus jeder Abhängigkeit befreit. Buddha beschreibt seine eigene Befreiung als:

> [...] das Zurruhekommen der Kamma-gestaltenden Triebkräfte, [...] das Freiwerden von der Leidenschaft, das Vergehen und Verlöschen.[46]

Eindrucksvoll berichtet Buddha seinen Mönchen von der Nirvana-Erfahrung:

> [...] forschend erlangte ich das Ungeborene, nicht Alternde, von Krankheit freie, Todlose, von Schmerzen befreite, Fleckenlose, Unvergleichliche, das Nibbāna, die Ruhe vom Tun. Mir ward wahrlich die Erkenntnis

> [...] zu Teil: Sicher ist mir die Erlösung, dies ist meine letzte Geburt; nicht gibt es hier ein Wiedersein für mich.[47]

Die radikale Befreiung von allen Wahrnehmungen der Denk- und Sinnesorgane ermöglicht die Nirvana-Erfahrung jenseits der gewohnten Welt des bedingten Entstehens. Diese Erfahrung ist schmerz- und todlos, da kein Ich-Bewusstsein mehr da ist, das sich selbstbezogen dieser Phänomene bewusst werden und sich vor ihnen ängstigen könnte. Das Nirvana, also wörtlich übersetzt das Verlöschen, lässt alle Ich-Bezogenheit und alle Kamma-gestaltenden Triebkräfte hinter sich. ‚Kamma' oder auch Karma bezeichnet in der indischen Sanskrit-Sprache eine ‚Handlung', oder ein ‚Wirken' das folgenreich für das jetzige Leben und ein mögliches Leben nach der Wiedergeburt ist. Erst in der Nirvana-Erfahrung kommen alle Kamma-gestaltenden Triebkräfte zur Ruhe, so dass es keine Wiedergeburt mehr geben kann.

An dieser Stelle sagt Buddha, dass die Befreiung vom Leid und den Ursachen des Leidens sich nicht nur auf unsere derzeitige Existenz und unsere eigene Lebensspanne bezieht. Das Erwachen in der Nirvana-Erfahrung bedeutet in letzter Konsequenz auch für nachfolgende Lebewesen und nachfolgende Generationen eine Befreiung vom Leid. Wenn es uns nämlich gelingt, nicht länger der Illusion eines Ich-Bewusstseins anzuhängen und uns von jeder Anhaftung an das Leben zu befreien, hinterlassen wir keinerlei negative Energien, die nachfolgende Generationen veranlassen könnten, dieselben Fehler zu machen, wie wir sie zuvor gemacht haben. An dieser Stelle kommt Buddhas Vision einer möglichen Wiedergeburt ins Spiel, wonach diejenigen, die noch nicht wissend sind, von Dasein zu Dasein getrieben werden:

[…] nicht aber künde ich euch […] ein Zuendekommen des Leides für jene Wesen, die durch das Nichtwissen daran gehindert, durch den Durst nach dem Leben gebunden dahineilen, von Dasein zu Dasein getrieben.[48]

Umgekehrt verspricht Buddha den Wissenden und Erwachten:

Ich verkündige euch ein Nichtkommen und Gehen […], die Freiheit von der Wiedergeburt;[49]

Um die Bedeutung der Wiedergeburt bei Buddha zu verstehen, muss man sich zunächst die historische Situation im alten Indien vor Augen halten. Nach der damals verbreiteten hinduistischen Vorstellung besitzt jeder Mensch in seinem innersten Wesen eine unsterbliche Seele (Atman), die sich nach dem Tode des Körpers in einem neuen Wesen, einem Menschen, einem Tier oder auch einem Gott reinkarniert, also neu verkörpert. Auch Buddha hatte bei seinem Erwachen unter dem Bodhibaum eine Vision, die auf den ersten Blick sehr an die hinduistische Vorstellung von der Wiedergeburt erinnert:

Ich erinnerte mich an viele frühere Leben, das heißt, an eine Geburt, zwei Geburten, drei Geburten, vier Geburten, fünf Geburten, zehn Geburten, zwanzig Geburten [...] hundert Geburten, tausend Geburten,

hundert tausend Geburten, viele Äonen, in denen sich das Weltall zusammenzog, viele Äonen, in denen sich das Weltall ausdehnte, viele Äonen, in denen sich das Weltall zusammenzog und ausdehnte.[60]

Während seiner Meditation sieht Buddha auch die vielen anderen Lebewesen, die bereits auf der Erde waren und ihr Karma hinterlassen haben, vor seinem geistigen Auge vorüberziehen:

> So sah ich die Wesen sterben und wiedererscheinen, niedrige, hohe, schöne und häßliche, in Glück und Elend, und ich verstand, wie die Wesen ihren Handlungen gemäß weiterwandern.[51]

Buddhas Lehre der Wiedergeburt wirft zweifellos viele Fragen auf, die bis heute in der buddhistischen Forschung kontrovers diskutiert werden. Einerseits beschreibt er einen gesetzmäßigen Ablauf, wonach die Wesen ihren guten oder schlechten Handlungen gemäß „weiterwandern" und reinkarniert werden, andererseits sieht er darin keine persönliche Wiedergeburt, kein Überdauern einer individuellen Seele oder gar eines persönlichen Bewusstseins. Mit dem

Tod eines Menschen vergeht, so Buddha, dessen ganze Persönlichkeit, einschließlich ihres Bewusstseins. Seine Lehre von der Wiedergeburt unterscheidet sich in diesem Punkt von anderen indischen Erlösungslehren. Weder gibt es bei Buddha ein unveränderliches Wesen wie etwa bei den Jainisten den Gott Jiva, der an allen vergangenen und künftigen Lebewesen Anteil hat und in diesen ewig weiterlebt, noch gibt es für Buddha eine unveränderliche individuelle Seele, einen Atman, der, wie bei den Upanischaden, nach dem Tod den Körper verlässt und in einen neuen eingeht. Buddhas Lehre von ‚Anatta‘ bezeichnet im Unterschied zu ‚Atman‘ das Nichtvorhandensein eines permanenten und unveränderlichen Selbst oder einer Seele. Hinduistische Vorstellungen von einer ewigen und unsterblichen Seele bezeichnet er als „töricht":

‚Nach dem Tode werde ich unvergänglich, dauerhaft, ewig, nicht der Veränderung unterworfen sein; ich werde so lange wie die Ewigkeit überdauern' – wäre das nicht eine ganz und gar [...] törichte Lehre?[52]

Das von uns zunächst empfundene ‚Selbst' oder auch eine von uns empfundene persönliche ‚Seele' ist letztlich nur eine Ansammlung von physischen und psychischen Bestandteilen, von sogenannten ‚Skandhas', die sich mit dem Tod komplett auflösen. In neugeborenen Menschen ordnen sich diese Bestandteile wieder auf je eigene Weise neu an.

Allerdings, so Buddha, bleiben die Energien der vormals Lebenden, sofern sie noch nicht erwacht sind, in der Welt und können in einem neuen Dasein weiterwirken und dieses beeinträchtigen. So sind etwa Kriege, oder von einzelnen Diktatoren entfesselte Katastrophen, ein Erbe, das auch noch nachfolgende Generationen prägt, ohne dass sie selbst diese Diktatoren wären oder deren persönliche unsterbliche Seelen auf sie übergegangen wären. Spätere Buddhisten vergleichen die unpersönliche Übertragung des Karmas mit der Weitergabe der Flamme einer Kerze zu einer anderen. Wenn man eine lange schmale Kerze aus blauem Wachs nimmt und mit ihrer Flamme eine kleine dicke Kerze aus rotem Wachs anzündet, wird die Flamme zwar weitergegeben, doch die Kerzen bleiben wesensmäßig grundverschieden. Oft wird auch das Bild vom Fackelträger verwendet. Wenn ein Fackelträger das Licht an einen anderen weitergibt, wandert die Energie, aber die Persönlichkeiten bleiben unterschiedlich. Als einer der Mönche fälschlicherweise vermutet, dass von Buddha doch ein unsterbliches persönliches Bewusstsein gelehrt werde, das beim Ableben auf die nächste Person übergeht, wobei die vormals begangenen guten und schlechten Taten in der Art der Wiedergeburt bewertet werden, widerspricht Buddha aufs Heftigste:

Du fehlgeleiteter Mensch, habe ich nicht in vielen Lehrreden bedingt entstandenes Bewusstsein dargelegt: 'Getrennt von Bedingungen gibt es keine Entstehung von Bewußtsein?' Aber [...] du hast uns [...] falsch dargestellt [...] und viel Unverdienst angehäuft;[53]

Buddhas Wiedergeburtslehre spielt aber für die vier edlen Wahrheiten nur insofern eine Rolle, als der von Buddha gezeigte Weg des Wissens und Erwachens eine zweifache Befreiung bedeutet: Zum einen die Befreiung eines Menschen vom Leid während seiner eigenen Lebensspanne, zum anderen die generelle Befreiung vom Leid durch die Aufhebung jedes Karmas in möglichen Wiedergeburten, die Aufhebung aller negativen Energien für kommende Generationen:

Und es stieg in mir die Erkenntnis [...] auf: Unwandelbar ist für mich die Befreiung des Geistes. Dies ist die letzte Geburt, nicht gibt es nun ein Wiedersein.[54]

Fazit: Die erste edle Wahrheit beschreibt das Leiden, die zweite deren Ursache, die dritte deren Aufhebung durch die Erkenntnis des bedingten Entstehens. Sobald wir im Gefolge der dritten edlen Wahrheit, das Trugbild der Begierden, der Wahrnehmungen und unserer Selbstheit hinter uns lassen, können wir uns vom Leid befreien. Da diese Befreiung und das Erreichen des Nicht-Selbstseins mit dem völligen Erwachen und der Nirvana-Erfahrung einhergeht, stellt sich die zentrale Frage: Wie können wir ganz konkret zu dieser Erfahrung kommen? *Die vierte und letzte der vier edlen Wahrheiten* gibt die Antwort.

Die vierte der vier edlen Wahrheiten: Der achtfache Pfad

Der von Buddha selbst so benannte ‚achtfache Pfad‘ ist bis heute in den vielen, ihm später nachfolgenden Schulen und Glaubensrichtungen ein Kernstück der buddhistischen Lehre geblieben. Der achtfache Pfad enthält sowohl erkenntnistheoretische, ethische als auch meditationspraktische Hinweise und Anleitungen. Buddha spricht eben deshalb von einem konkreten Weg oder wörtlich übersetzt von einem „Pfad", der uns Schritt für Schritt auf das Erwachen vorbereitet und hinführt:

Und welches [...] ist dieser [...] Pfad, der zur Ruhe, zum Wissen, zur Erleuchtung, zum Nibbāna führt? Es ist dies der edle achtfache Pfad, der da heißt: Rechte Anschauung, rechte Gesinnung, rechtes Wort, rechte Tat, rechtes Leben, rechtes Streben, rechtes Überdenken, rechtes Sichversenken.[55]

Die acht Schritte zum Erwachen lassen sich drei verschiedenen Tätigkeitsfeldern oder Entwicklungsphasen zuordnen. In der ersten Phase, der rechten Erkenntnis und Gesinnung, geht es um die prinzipielle Einsicht in die Lehre, in der zweiten um die daraus hervorgehende sittliche Haltung, also um rechtes Reden, Handeln und eine entsprechende Lebensführung. In der dritten Phase erfolgt dann der letzte große Schritt hin zur inneren ‚Sammlung‘, zum ‚Samadhi‘. Die Sammlung ist die Lebenshaltung, welche Achtsamkeit und Meditationspraxis in Hinblick auf das Erwachen in der Nirvana-Erfahrung zuspitzt. Es handelt sich bei allen acht Schritten aber nicht um eine bloße Abfolge von zu erlernenden Fähigkeiten, sondern vielmehr um die Entfaltung von Tugenden, die am Ende – und darauf kommt es Buddha an – alle gleichzeitig verwirklicht und gelebt werden müssen.

1.	Rechte Erkenntnis	Einsicht
2.	Rechte Gesinnung	
3.	Rechte Rede	Sittlichkeit
4.	Rechte Tat	
5.	Rechte Lebensführung	
6.	Rechte Anstrengung	Sammlung
7.	Rechte Achtsamkeit	
8.	Rechte Sammlung	

Die rechte Erkenntnis auf der ersten Stufe besteht schlicht und einfach darin, dass wir begreifen, dass alle unsere weltlichen Lebensbezüge unbeständig und vergänglich, also leidbringend sind. Weder ein geliebter Partner, eine Mutter, ein Kind, noch unsere Jugend, Gesundheit, Schönheit, noch Erfolg und materielle Güter sind wirklich von Dauer. Aus dem Verlust entsteht Leiden. Um das vorprogrammierte Leiden zu verhindern, müssen wir die Ursache des Leidens, also unsere Anhaftung an das Leben als ein lediglich bedingt entstandenes Begehren erkennen und überwinden. Der erste Schritt auf den achtfachen Pfad verlangt also, dass wir die vier edlen Wahrheiten zumindest einmal theoretisch erkennen und verstehen.

Die rechte Gesinnung der zweiten Stufe zeichnet sich dadurch aus, dass es uns mit der Erkenntnis der vier Wahrheiten gelingen kann, die großen Übel des fehlgeleiteten Geistes klar zu sehen. Wir wissen jetzt, dass Habgier, Neid, Groll und andere schlechte Gedanken nur aus einer falschen Selbstbezogenheit und einem unreflektierten Verhaftet-sein an die sinnlichen Wahrnehmungen und Verlockungen entstehen. An Stelle der selbstsüchtig egoistischen Gesinnung versuchen wir bereits auf der zweiten Stufe, uns in Gleichmut und Gelassenheit zu üben.

Die rechte Rede auf der dritten Stufe zeichnet sich dadurch aus, dass man auf Lügen ganz verzichtet und keine unbedachten Worte mehr ausspricht, also niemanden beleidigt, herabwürdigt oder mit Worten verletzt, was im Alltag ja oftmals leichtfertig passiert.

Die rechte Tat auf der vierten Stufe erfordert ein ethisch vorbildliches Handeln gemäß der von Buddha nahegelegten Grundprinzipien. Dazu gehören in erster Linie das Unterlassen von Stehlen, Rauben und Ehebrechen sowie das Quälen und Töten von Lebewesen.

Die rechte Lebensführung auf der fünften Stufe ergibt sich nun in direkter Weise aus den vorausgegangenen Prinzipien der rechten Rede und der rechten Tat. Denn die fünfte Stufe des achtfachen Pfades verlangt unmissverständlich, dass die Theorie vom sittlichen Denken und Handeln nun auch eins zu eins in die Lebenspraxis umgesetzt wird. So bedeutet beispielsweise das Prinzip der rechten Rede, dass man sowohl privat, aber auch als Händler, Geschäftsmann, Handwerker oder Fürst keine anderen Menschen übers Ohr haut, belügt oder betrügt. Das sittliche Gebot der rechten Tat verlangt die Vermeidung des Tötens sowohl von Menschen als auch von Tieren und muss sich im gesamten Leben, also beispielsweise auch im Berufsleben, widerspiegeln. Ein Mensch nimmt auf der fünften Stufe des achtfachen Pfades Anteil an allen Lebewesen, an Menschen ebenso wie an Tieren:

> [...] er enthält sich davon, Lebewesen zu töten [...]; Stock und Waffen beiseite gelegt, sanft und freundlich, lebt er voll Mitgefühl für alle Lebewesen.[56]

Und das gilt nicht nur für Buddhas Mönche und Schüler. Auch Laienbekenner dürfen, so Buddha, auf keinen Fall Handel mit Waffen, Lebewesen, Fleisch, berauschenden Getränken und Gift betreiben. Deshalb sollen Berufe wie Metzger, Schlächter, Vogelfänger, Jäger, Fischer, Henker, Kerkermeister, Krieger oder Waffenhändler nicht ausgeübt werden. Bis heute werden solche Berufe in buddhistisch geprägten Ländern von Christen und Muslimen übernommen.[57] Ferner ernährt man sich möglichst vegetarisch oder vegan und verzichtet auf Drogen.

Buddha verlangt hinsichtlich des rechten Lebensweges die ‚Beachtung der fünf Regeln': Erstens, kein Lebewesen bewusst zu töten oder zu verletzten, zweitens, keinen Diebstahl zu begehen, drittens, ein sittlich reines Leben zu führen, also sexuelle Ausschweifungen und Ehebruch zu vermeiden, viertens, nicht zu lügen oder grobe Worte zu verwenden und fünftens die Bewusstheit nicht durch Drogen zu trüben.

Entscheidend ist dabei, dass der rechte Lebensweg ausschließlich durch eigene Anstrengung zu erreichen ist. Unreine Gedanken, Worte und Taten müssen von uns selbst überwunden werden. Das erfordert ein Streben nach Reinheit, das auf keinen Fall von außen, also etwa durch Opfergaben oder rituelle Waschungen ersetzt werden kann. Tieropfer lehnt Buddha ebenso radikal ab wie das in Indien damals übliche rituelle Baden in Flüssen, um sich spirituell reinzuwaschen. Einen Brahmanen, der deshalb gerade zum heiligen Fluss Bahuka geht, fragt Buddha ganz direkt:

Warum, Brahmane, zum Fluß Bahuka gehen? Was kann der Fluß [...] schon tun? [...] Ein Tor mag dort für immer baden. Doch läutert er nicht dunkle Taten.[58]

Selbst wenn er, so Buddha, ähnlich wie ein Tor für immer im Fluss baden würde, könnte er sich dadurch nicht reinwaschen. Stattdessen fordert Buddha den Brahmanen auf, die fünf Regeln zu befolgen. Nicht das Flusswasser von weit entfernten heiligen Gewässern bringe ihm die Reinigung, sondern einzig und allein das Eintauchen in das eigene sittliche Handeln und zwar an dem Ort, an dem er sich gerade selbst befindet:

> Hier solltest du, Brahmane, baden
> [...]. Der Reine, dessen Tat geläutert,
> bringt zur Vollendung seine Tugend.[59]

Wie so oft vertritt Buddha hier einen existenzialistischen Standpunkt. Keine höhere Macht, kein Gott und keine Götter entscheiden aufgrund von Opfergaben oder rituellen Waschungen über unsere moralische Lauterkeit. Wir werden nicht vor überirdischen Mächten schuldig, sondern vor uns selbst. Im Unterschied zum damaligen hinduistischen Glauben, gibt es für Buddha generell kein göttliches Gericht, das uns nach unserem Ableben beurteilt.

Die rechte Anstrengung der sechsten Stufe verlangt, den Weg des sittlich guten Lebens weiterzugehen, ohne nachzulassen. Hier geht es um Ausdauer. Das ist keineswegs so selbstverständlich, wie es klingt. Viele Menschen fassen beispielsweise zum Jahreswechsel gute Vorsätze, halten sich aber meist nur kurze Zeit daran. So ist es mit vielen Vorsätzen. Fehler und Kränkungen anderer führen bisweilen zu dem Entschluss, sich zu ändern und künftig das Wohl anderer Menschen im Auge zu behalten. Entscheidend ist aber, wie Buddha auf der sechsten Stufe betont, die ‚rechte Anstrengung‘, diesen Vorsatz auch nachhaltig umzusetzen. Speziell von seinen Mönchen verlangt Buddha ein ununterbrochen intensives Bemühen, den rechten Lebensweg beizubehalten.

Die rechte Achtsamkeit auf der siebenten Stufe betrifft ebenfalls die Praxis der Umsetzung unserer Vorsätze und unserer sittlichen Gesinnung. Denn diese bedürfen in allen Lebenssituationen einer konzentrierten Achtsamkeit. Es ist beispielsweise wichtig, sowohl allein als auch im Kontakt mit anderen, seine eigenen Gefühlsregungen, seine Gedanken und sein Handeln wachsam zu prüfen, unbewusste Regungen zu erkennen, zuzulassen oder gegebenenfalls zu überwinden, wenn man sie als schädlich erkennt.

Achtsamkeit meint dabei aber nicht die rigide Kontrolle oder Verdrängung unliebsamer Gedanken und Gefühle, sondern einen aufgeklärten Umgang mit ihnen. Im Gegensatz zur alltäglichen Getriebenheit, bei der man immer schon den nächsten Termin im Kopf hat, bedeutet Achtsamkeit ein aufmerksames Verweilen in der Situation, ein intensives Wahrnehmen äußerer und innerer Zustände. Das Achten auf das „Innere" bewirkt, dass wir uns des ständigen Flusses unserer Gefühle und unserer Bewusstheitszustände bewusst sind und nicht mehr von ihnen überwältigt oder getrieben werden. Die Achtsamkeit ermöglicht, ganz im Hier und Jetzt zu sein, weder der Vergangenheit nachzuhängen, noch sich in Zukunftsplänen zu verlieren. Als freischwebende Aufmerksamkeit wirkt sie gleichermaßen befriedend nach innen und außen, also auf uns selbst wie auf unserer gegenüber. Dies gilt auch und gerade dann, wenn uns Misstrauen, Wut oder Hass begegnet. In seinem berühmten ‚Gleichnis von der Säge', beschreibt Buddha die Dimension der Achtsamkeit in ihrer vollen Tragweite:

[...] wenn andere euch ansprechen, mag ihre Rede wahr oder unwahr,

[...] sanft oder schroff sein; [...] Wenn Banditen euch barbarisch Glied für Glied mit einer Doppelgriffsäge in Stücke teilen würden [...]: Unser Herz wird unbeeinträchtigt bleiben, und wir werden keine bösen Worte äußern: Wir werden in Mitgefühl

für ihr Wohlergehen verweilen mit einem Herzen voll liebender Güte [...] und mit ihnen als Objekt werden wir verweilen, indem wir die allumfassende Welt mit einem Gemüt durchdringen, das von

liebender Güte durchtränkt ist, unerschöpflich erhaben, unermeßlich [...].[60]

Die rechte Sammlung auf der achten Stufe steht ganz am Schluss des Pfades zum ‚Erwachen' und vollendet die bisherigen Schritte durch die meditative Vertiefung. Auch wenn letztlich alle acht Stufen keine zeitliche oder inhaltliche Abfolge darstellen und von Anfang an aufeinander aufbauen, untereinander

Wechselwirkungen haben, und letztlich gleichzeitig gelebt werden müssen, ist doch ‚Samadhi‘, die ‚rechte Sammlung‘ als achte und letzte Stufe ein herausragendes Element des achtfachen Pfades. ‚Samadhi‘ führt in der Meditation zum Erwachen und somit zur Nirvana-Erfahrung. In der Meditation oder in der ‚Vertiefung‘, wie die wörtliche Übersetzung des Sanskrit-Wortes ‚dhyana‘ lautet, können wir jetzt nämlich das, was wir theoretisch erkannt haben, also etwa die Lehre von den vier Wahrheiten oder vom bedingten Entstehen, in einem meditativen Zustand auch ‚erfahren‘. Die Loslösung von den bedingt entstandenen Begierden und Wahrnehmungen, sowie die Überwindung des Ich-Bewusstseins sind nicht mehr länger eine theoretische Einsicht oder Erkenntnis. Sie werden in der Praxis der Meditation vergegenwärtigt und ihre Überwindung erfahrbar gemacht. Doch die Befreiung von allen Anhaftungen, also die Erfahrung des Nirvanas, bedarf oft längerer, bisweilen jahrelanger Übung und der richtigen Technik. Die meditative Befreiung von allen weltlichen Anhaftungen ist alles andere als ein einfacher Vorgang. In der Vertiefung, so Buddha, kann es aber gelingen, uns von allen Illusionen der Welt und des Selbst zu befreien. Er beschreibt den Zustand der radikalen Befreiung folgendermaßen:

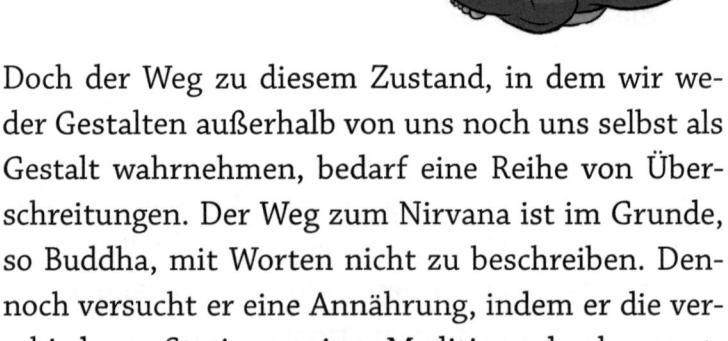

Jegliche Gestalt, [...] sie sei vergangen, künftig oder gegenwärtig, befinde (sie) sich im eigenen Inneren oder sei draußen, sei groß oder klein,

gemein oder edel, entfernt oder in der Nähe, sie ist nicht mein, ich bin nicht diese, sie ist auch nicht mein Selbst. Wer diese [...] Wahrheit erkannt hat, [...] der ist ein Erlöster.[61]

Doch der Weg zu diesem Zustand, in dem wir weder Gestalten außerhalb von uns noch uns selbst als Gestalt wahrnehmen, bedarf eine Reihe von Überschreitungen. Der Weg zum Nirvana ist im Grunde, so Buddha, mit Worten nicht zu beschreiben. Dennoch versucht er eine Annährung, indem er die verschiedenen Stationen eines Meditierenden benennt:

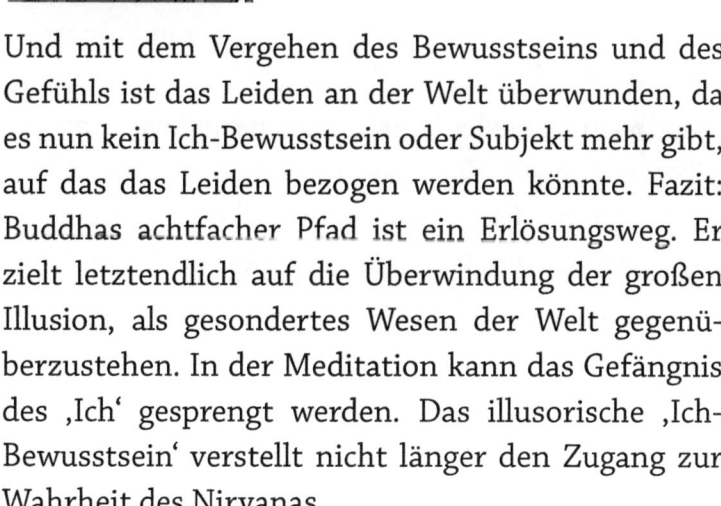

Nachdem er den Bereich [...] des Bewußtseins überschritten hat, erlangt er den Bereich, in dem nicht irgend etwas mehr ist [...]. Und nachdem er diesen Bereich [...] überschritten hat, erlangt

er den Bereich des Wederwahrnehmens noch Nichtwahrnehmens. Den Bereich der Grenzscheide von Wahrnehmen noch Nicht-Wahrnehmen überschritten habend, verweilt er und erlangt das Vergehen des Bewußtseins und des Gefühls.[62]

Und mit dem Vergehen des Bewusstseins und des Gefühls ist das Leiden an der Welt überwunden, da es nun kein Ich-Bewusstsein oder Subjekt mehr gibt, auf das das Leiden bezogen werden könnte. Fazit: Buddhas achtfacher Pfad ist ein Erlösungsweg. Er zielt letztendlich auf die Überwindung der großen Illusion, als gesondertes Wesen der Welt gegenüberzustehen. In der Meditation kann das Gefängnis des ‚Ich' gesprengt werden. Das illusorische ‚Ich-Bewusstsein' verstellt nicht länger den Zugang zur Wahrheit des Nirvanas.

Was nutzt uns Buddhas Entdeckung heute?

Buddhas Antwort auf die wichtigsten Fragen der Menschheit – Anfang und Ende der Welt

Budhha war seiner Zeit weit voraus. Er wird vom Philosophen Karl Jaspers zusammen mit Sokrates und Konfuzius als einer der drei großen Denker der Achsenzeit angesehen, einer Zeit, in der erstmals auf verschiedenen Kontinenten ein ganz neues, zukunftsweisendes Weltverständnis aufkam. Tatsächlich vertrat Buddha in fast jeder Hinsicht moderne Ansichten und Überzeugungen: Die Gleichberechtigung von Mann und Frau, die Gleichbehandlung aller Menschen jenseits von Kasten, Geburtsprivilegien und Standeszugehörigkeit, den Verzicht auf Tier- und Feueropfer zur Besänftigung der Götter. Speziell die Vorstellung zeitgenössischer Brahmanen, dass man durch Opfergaben das ewige Leben und die Vereinigung mit Gott erlangen könne, kritisiert Buddha aufs Schärfste. Keiner dieser Brahmanen, so Buddha, hätte Gott jemals getroffen oder gesehen. Die Vertreter des monotheistischen Gottesglaubens kämen ihm vor

> [...] wie eine Reihe Blinder, die sich aneinander festhalten; der Vorderste sieht nichts, der Mittlere sieht nichts und der Hinterste sieht nichts.[63]

Wer für die Zeit nach seinem Tod eine Gemeinschaft mit Gott anstrebe oder einen unsterblichen Gott verehren würde, sei vergleichbar mit einem Mann, der die angeblich schönste Frau der Welt verehre, ohne sie zu kennen und je zuvor gesehen zu haben:

> Wenn man ihn nach [...] ihrem Vor- und Familiennamen, ihrer Hautfarbe oder ihrem Wohnort fragte, würde er nichtwissend verneinen. Die Frage ‚Was, du liebst eine Frau [...], die du nicht kennst und nie gesehen hast?‘, bejahte er dann. Erwiesen sich die Worte dieses Mannes nicht als unüberlegtes Gerede?[64]

Zauberer, Wunderheiler und Hellseher sieht Buddha ebenfalls sehr kritisch. Er verbietet sogar seinen Schülern, sich mit magischen Fähigkeiten zu präsentieren. Auch hat er selbst keinerlei Wunder bewirkt, obwohl er einmal von einem Mönch dazu aufgefordert wurde, um der Bewegung mehr Ansehen zu verschaffen. Doch anders als viele Brahmanen, Erlösungsgelehrte und Propheten, die wie er als Wanderprediger umherzogen, vollbrachte Buddha in seinem ganzen Leben keine einzige magische Tat. Während beispielsweise Jesus von Nazareth der Überlieferung nach über Wasser gehen, Blinde, Taube, Gelähmte und Aussätzige heilen und sogar Tote wieder zum Leben erwecken konnte, gibt es von Buddha keine derartigen Heilsgeschichten. Auch diesbezüglich wirkt er eher modern. Zwar hat auch Buddha versucht, Menschen zu helfen, doch seine Methoden waren von vergleichsweise entwaffnend pragmatischer Natur. So hat er einem Mann, der den Tod seiner geliebten Frau nicht wahrhaben und diese nicht bestatten wollte, dazu geraten, seinem Gefühl zu folgen und noch sieben Tage in ihrer Nähe zu bleiben. Durch die zunehmenden Verwesungsgerüche wurde der Mann geheilt.

Vor allem aber beantwortet Buddha die großen Fragen der Menschheit auf erstaunlich pragmatische

Weise. Als er nach dem Anfang und dem Ende der Welt gefragt wird, erzählt er den staunenden Zuhörern von einem Traum, den er in der Nacht zuvor gehabt habe. Buddha träumte, dass einer seiner Schüler dem Schöpfergott Brahma persönlich begegnet sei und diesen nach dem Ende der Welt gefragt habe:

[...] wo hören die Elemente Erde, Wasser, Feuer und Luft auf?'[65]

Brahma, der als Weltenlenker zweifellos der beste Ansprechpartner für diese Frage ist, antwortet in Buddhas Traum:

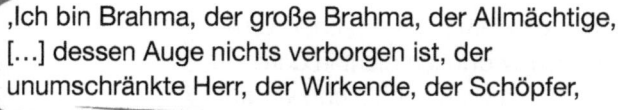

‚Ich bin Brahma, der große Brahma, der Allmächtige, [...] dessen Auge nichts verborgen ist, der unumschränkte Herr, der Wirkende, der Schöpfer,

der höchste Gebieter, der alles nach seinem Wunsch lenkt, der Vater alles Gewordenen und Kommenden.'[66]

Doch das, so Buddha, befriedigte den Schüler nicht. Und er wiederholt seine Frage noch zweimal, bekommt aber vom Schöpfergott jedes Mal nur eine Aufzählung seiner vielen Ehrentitel und Befugnisse zu hören. Als der Schüler hartnäckig bleibt, den großen Brahma ein drittes Mal befragt und inständig darum bittet, ihm endlich die Frage nach dem Aufhören der Welt und der Elemente zu beantworten, schaut Brahma unruhig über seine Schulter, ob gerade andere Götter in der Nähe sind, die ihn sehen und hören könnten. Dann geschieht dem Schüler etwas Außergewöhnliches:

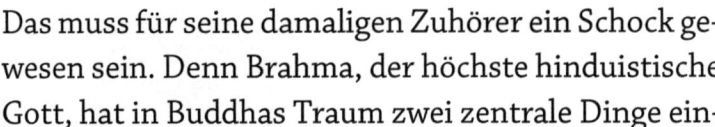

[...] der große Brahma (nahm) ihn am Arm, führte ihn zur Seite und sprach: [...] die Götter [...] meinen, es gäbe nichts, was Brahma nicht erschaut und erkannt hätte, nichts, das ihm nicht offenbar wäre. Darum antworte ich nicht in deren Beisein. Ich weiß auch nicht, wo die vier Elemente restlos aufhören.'[67]

Das muss für seine damaligen Zuhörer ein Schock gewesen sein. Denn Brahma, der höchste hinduistische Gott, hat in Buddhas Traum zwei zentrale Dinge eingestanden. Zum einen, dass er selbst nicht weiß, wie alles endet oder angefangen hat und zum anderen, dass er zwar die Rolle des Schöpfergottes innehabe, dass es aber letztlich nur eine Rolle sei, die er für die Menschen und die anderen Götter aufrechterhalten müsse. Im Grunde enthüllt Buddha mit Brahmas Geständnis, dass dieser nur als Narrativ, als bloßes Sinnbild für Anfang und Ende der Welt stehe. Das Narrativ vom allmächtigen Schöpfergott, so Buddha, soll die Menschen davor bewahren, sich mit Gedanken der Ewigkeit und Unendlichkeit quälen zu müssen. Wer aber das alles durchschaut, versucht der Wahrheit ins Auge zu sehen. Ganze Sternensysteme, so Buddha, entstehen, vergehen und entstehen erneut, so wie Millionen von Blumen Jahr für Jahr erblühen, verwelken und erneut erblühen, Millionen Tiere und Menschen zur Welt kommen, sterben, während gleichzeitig wieder neue geboren werden:

Unausdenkbar [...] sind Anfang und Ende dieses Kreislaufs des Lebens von Geburt und Tod zu wieder neuer Geburt [...]. [68]

Sogar unser aktuelles Narrativ vom ‚Urknall' würde Buddha wohl in seiner Meinung bestärken, dass Anfang und Ende ‚unausdenkbar' sind. Die derzeit wissenschaftlich anerkannte Urknall-Theorie, wonach unser Universum vor 13,8 Milliarden Jahren aus einer Singularität, also aus einem minimalsten Punkt mit unendlich hoher Dichte entstanden ist und sich seitdem entweder immer weiter ausdehnt oder sich nach maximaler Ausdehnung wieder zusammenzieht und in einen neuen Urknall mündet, verweist auf ‚unendlich hohe Dichte', auf ‚ewige Ausdehnung' oder ‚ewiges Zusammenziehen und sich neu Entfalten'. All dies ist zum einen wissenschaftlich kaum messbar und beschreibt zum anderen auch kein wirklich dezidiertes Anfangs- oder Endszenario mehr. Das aktuelle, wissenschaftlich unterlegte, Urknall-Narrativ verweist also ebenfalls auf Buddhas These von der ‚Unausdenkbarkeit' von Anfang und Ende'.

So wie Buddha im Traum seinen Schüler mit dem Schöpfergott Brahma sprechen lässt, um dessen Urheberschaft für Anfang und Ende der Welt zu widerlegen, spricht Buddha selbst an mehreren Stellen wie selbstverständlich mit den Göttern, weshalb er auch den Beinamen „Lehrer der Menschen und der Götter" erhielt. So durchschaut und überwindet er im

Diskurs sogar ,Mara', die Gottheit des Todes und des Unheils. Oft erscheinen die Götter ihm gegenüber auch nur in der Rolle von Bittstellern oder Helfern. Als er beispielsweise nach seinem Erwachen unter dem Pappelfeigenbaum überlegt, ob er überhaupt in der Lage sei, seine vier edlen Wahrheiten, also das sogenannte ,Dhamma' den Menschen zu vermitteln, bittet ihn ein Gott höchst persönlich, es zu versuchen:

Brahma Sahampati [...] erschien vor mir [...] und indem er mich ehrerbietig mit zusammengelegten Händen grüßte, sagte

er: Ehrwürdiger Herr, möge der Erhabene das Dhamma lehren [...]. Es gibt Wesen [...], die zugrunde gehen, wenn sie das Dhamma nicht hören [...]. Da schenkte ich der Fürsprache des Brahma Gehör [...].[69]

Und als Buddha einem tagelangen Regen ausgesetzt ist, kommt ihm Mucalinda, ein Naturgott in Schlangengestalt zu Hilfe und breitet über ihm mit seinen sieben Köpfen einen Schirm aus. Dieses Bild des Erwachten in vollendeter Harmonie mit der Natur wird später ein beliebtes Motiv in der buddhistischen Kunst.

Wie ist das alles zu verstehen? Hat Buddha selbst an Götter geglaubt? Hierzu muss man sich vergegenwärtigen, dass Buddha in einer Welt lebt, in der seit über tausend Jahren hinduistische Gottheiten fest in der Vorstellung der Menschen verankert sind. Mit dieser Tatsache muss Buddha also in irgendeiner Weise umgehen und er tut es mit einer gewissen spielerischen Leichtigkeit. Er leugnet die Götter nicht, zeigt aber zugleich deren allzu menschliche Schwächen auf. Im Grunde nutzt und instrumentalisiert er die hinduistischen Götter als willkommene Sinnbilder für Welterklärungen, die er für seine eigenen philosophischen Gedanken in kritischer Abhebung oder als Bestätigung verwenden kann. In seinen Ausführungen, Reden und Gesprächen behandelt Buddha die hinduistischen Gottheiten zwar stets respektvoll, gleichzeitig aber spielt er mit ihnen wie mit Schachfiguren, um bestimmte Inhalte seiner eigenen Lehre zu verdeutlichen.

Ob und inwieweit Buddha wirklich selbst an die reale Existenz der hinduistischen Gottheiten geglaubt hat, ist letztlich schwer zu beantworten. Fest steht, dass er in seinen Ausführungen mit Nachdruck betont, dass alle Götter ausnahmslos sterblich sind und dass sie durch die Verkündigung seiner Lehre ihrer Illusion der Unsterblichkeit ein für alle Mal beraubt werden:

> Auch jene Götter, [...] wenn sie die Verkündigung der Lehre durch den Vollendeten vernehmen, werden [...] von Furcht, Erregung und Zittern

> übermannt, und sie erkennen: [...] ,Ach, wir sind unbeständig [...], wir wähnten ewig zu sein, wir sind in Wahrheit vergänglich.[70]

Die Götter sind, so Buddha, ebenso wie die Menschen dem Gesetz vom Entstehen und Vergehen unterworfen, machen Fehler, begehen Irrtümer und sind sterblich. Der den Göttern damals zugeschriebene Sonderstatus eines himmlischen und mächtigen Wesens würde sie, so Buddha, aufgrund ihrer größeren Möglichkeiten noch mehr dazu verführen, sich Ausschweifungen und Genüssen hinzugeben. Insofern müssten sie erst recht, genau wie wir

Menschen, immense Anstrengungen unternehmen, um sich von ihrer Unwissenheit und Selbstsucht zu befreien. Buddha hat die Götter gewissermaßen vermenschlicht, eingemeindet und säkularisiert. Er lässt keinerlei Zweifel daran, dass seine Lehre von den vier edlen Wahrheiten gleichermaßen für Götter und Menschen gilt.

Kann jeder den Weg des Buddha gehen? Das Gleichnis vom Floß

Prinzipiell ist es natürlich möglich, dass Schüler, Mönche sowie alle anderen Menschen den Weg des Buddha gehen und damit selbst zu ‚Buddhas' werden. Ein ‚Buddha', also ein ‚Erwachter' ist gemäß der buddhistischen Auffassung jeder Mensch, der aus eigener Kraft die Reinheit und Vollkommenheit seines Geistes soweit entwickelt hat, dass er Nirvana erfahren kann und daher frei von Begierde, erfüllt von Weisheit und Mitgefühl lebt. Die Zahl der Menschen, denen ein solches Erwachen gelungen ist, lässt sich mit rationalen Kriterien weder qualitativ noch quantitativ erfassen. Gemäß der buddhistischen Tradition treten aber Buddhas eher selten auf. Deshalb werden solche Zeitalter, in denen ein Buddha erscheint, ‚glückliche Zeitalter' genannt, die anderen ‚dunkle Zeitalter'. In einigen Ländern Ostasiens genießt inzwischen der Buddha Amitabha erheblich größere Verehrung als der Stifter Gautama.

Weltweit gibt es heute über dreihundert Millionen Buddhisten, vor allem in Thailand, China, Myanmar, Vietnam und Japan. Der Buddhismus ist nach dem Christentum, dem Islam und dem Hinduismus die viertgrößte Weltreligion. Allerdings muss bedacht werden, dass die verschiedenen buddhistischen Glaubensrichtungen zwar von Buddha ihren Ausgangspunkt genommen, sich inzwischen aber in unterschiedliche Richtungen entwickelt haben.

Sehr nah an Buddhas Kerngedanken der „vier edlen Wahrheiten" ist der sogenannte Hinayana- beziehungsweise Theravada-Buddhismus. ‚Theravada' heißt übersetzt ‚die Schule der Ältesten' und geht auf jene Gruppe von Mönchen zurück, die sich Buddha noch zu Lebzeiten angeschlossen und deren Nachfolger seine Lehre weitgehend bewahrt haben. Im Zentrum des Theravada-Buddhismus steht die Selbstbefreiung des einzelnen Menschen durch die Nirvana-Erfahrung, wie sie Buddha selbst gelehrt hat:

Wer nun aber, ihr Mönche, [...]
die edlen Wahrheiten schaut,
[...] wird von dem Fühlen, dem
Unterscheidungsvermögen, den
Triebkräften, dem Bewusstsein
frei [...] vom Leiden wird er erlöst.
So verkündige ich euch dies.[71]

Doch in der Folgezeit wird Buddha nicht mehr nur als Lehrer, sondern als göttliches Wesen angesehen, in eigens errichteten Tempeln angebetet und in Gottesdiensten rituell verehrt. Etwa fünfhundert Jahre nach Buddhas Tod entsteht die zweite, mit über zweihundert Millionen Gläubigen heutzutage größte buddhistische Glaubensrichtung, der sogenannte Mahayana-Buddhismus. „Mahā" heißt „groß" und „yāna" „Fahrzeug", was zusammengenommen „Großes Fahrzeug" bedeutet. Die Mahayana-Buddhisten sehen ihre eigene, teilweise um die Göttlichkeit Buddhas erweiterte Lehre als das „Große Fahrzeug" an, und bezeichnen den ursprünglichen

Buddhismus etwas abschätzig als das „Kleine Fahrzeug", als „Hina"-yāna", da es den frühen Buddhisten lediglich um ihre persönliche Selbstbefreiung gegangen sei.

Im Mahayana-Buddhismus ist dagegen das oberste Ziel die gemeinsame Befreiung und Erlösung aller Wesen vom Leid. Diese könne unter der Anleitung von spirituellen Lehrern, den Bodhisattvas, den sogenannten Erleuchteten erreicht werden, da in jedem Menschen schon bei seiner Geburt ein direkter Zugang zum Absoluten angelegt sei. Die Bodhisattvas streben deshalb nicht mehr direkt, wie Buddha, das Nirvana an, da sie erst noch in einer langen Abfolge von Wiedergeburten alle anderen Wesen zum Absoluten führen wollen. Buddha wird als spirituell transzendente Instanz verehrt. Den Menschen Buddha als historisch reale Gestalt gibt es im Mahayana-Buddhismus nicht mehr. Sein Auftreten auf der Erde wird nur als eine Projektion des Absoluten, eine bloße Erscheinung, interpretiert, die der göttliche Buddha vorübergehend angenommen habe, um den Menschen die wahre Lehre zu verkünden. Damit kommt aber die Weisheitslehre Buddhas in die Nähe einer Religion.

Aus dem Mahayana-Buddhismus geht schließlich als Unterform noch der Vajrayana-Buddhismus hervor,

das sogenannte ‚Diamantene Fahrzeug‘. Diese bud-
dhistische Glaubensrichtung wird vor allem in Tibet
praktiziert. Der Vajrayana-Buddhismus steht in einigen wesentlichen Punkten in Gegensatz zur Lehre
Buddhas und ist geprägt von Dämonenfurcht und
Vielgötterei. Ganz ähnlich wie die katholische Kirche
mit Bischöfen, Kardinälen und einem Papst an der
Spitze, kennt auch der Vajrayana-Buddhismus eine
sehr strenge Hierarchie, in der die Priester große
Macht haben. An der Spitze steht der Dalai Lama.
Seine Macht ist vollkommen. Während etwa der
Papst nur als Nachfolger des Apostels Petrus, also
eines ‚Bischofs von Rom‘ gilt, genießt der Dalai Lama
selbst gottgleiche Verehrung. Er ist die direkte Inkar-
nation Buddhas. Dalai Lama heißt ‚ozeanischer Lehrer‘ oder sinngemäß übersetzt ‚Ozean der Weisheit‘.

Im Vergleich zu diesen, über Jahrhunderte hinweg
gewachsenen, Weiterentwicklungen, weist die ur-
sprüngliche Lehre Buddhas eine Reihe von entscheidenden Unterschieden auf. Sie ist keine Religion,
besitzt keine Liturgie, keine Tempel, keine Priester,
keine ‚Gläubigen‘ und vor allem: Buddha selbst ist
kein Gott. Im Gegenteil, er ist Mensch und sieht sich
als Lehrer. Und wie es gute Lehrer zu tun pflegen, rät
er den Schülern seine Lehre, wenn die Zeit gekommen
ist, hinter sich zu lassen. Buddha ist es wichtig, dass

seine Schüler auf dem Weg zum ‚Erwachen' irgend-
wann sich selbst vertrauen. In seinem berühmten
Gleichnis vom Floß macht er das deutlich. Ein Mann
steht vor einem unüberwindlichen Hindernis. Ein
mächtiger Fluss macht sein Fortkommen unmöglich
und so fertigt er aus allem, was er an Treibholz und
anderen nützlichen Hilfsmitteln vorfindet, ein Floß.
Am anderen Ufer angekommen, ist er glücklich. Er
will das wertvolle Vehikel, das ihn so weit gebracht
hat, nicht einfach zurücklassen und denkt:

> Wahrlich nützlich ist mir dies Floß, denn mit
> Hilfe dieses Floßes bin ich zum jenseitigen
> Ufer gelangt. Wie wäre es nun, wenn ich
> dies Floß auf mein Haupt heben oder auf
> den Rücken legen würde und dann dorthin
> ginge, wohin ich will?[72]

Die Idee, das nützliche Vehikel mitzunehmen, mag
naheliegen. Doch bei aller Dankbarkeit, so Buddha,
wäre es für den Mann auf seinem weiteren Weg be-
schwerlich und sogar hinderlich. Für ihn sei es an der

Zeit, so Buddha, loszulassen und sich zu fragen:

> Wie wäre es, wenn ich dieses Floß
> [...] im Wasser schwimmen ließe
> und [...] weiterziehen würde. Dieser
> Mann, ihr Mönche, würde mit dem
> Floß so handeln, wie er es sollte.[73]

Und Buddha lässt an der Deutung seiner Geschichte keinen Zweifel:

> Ebenso wahrlich, ihr Mönche, einem
> Floß vergleichbar, wurde von mir die
> Lehre gezeigt, zum Überschreiten
> geschaffen, doch nicht um sich daran
> festzuklammern.[74]

In der Tat kann die Lehre, das Dharma, wie Buddha sagt, nur ein hilfreiches Gefährt auf dem Weg zum Erwachen sein. Es kann den Weg vorzeichnen, wie die Fußspur eines Elefanten uns die große Richtung verrät, in der wir uns bewegen sollen. Den entscheidenden Schritt aber, das Überwinden der sechs Sinne und des Ich-Bewusstseins muss jeder Einzelne für sich selbst machen. Das Festklammern am Vorbild des Lehrers oder gar ein Anbeten des Lehrers kann dem eigenen Erwachen im Wege stehen. Ein Meister des chinesischen Zen-Buddhismus hat sich in diesem emanzipatorischen Sinne sogar zu dem Ausspruch hinreißen lassen: „Wenn ihr Buddha trefft, tötet Buddha [...] dann erlangt ihr zum ersten Mal Befreiung, werdet nicht mehr von Dingen gefesselt und durchdringt alles frei."[75] Gemeint ist hier natürlich die ,Tötung' Buddhas im übertragenen Sinne als Befreiung von ihm als übermächtigem Idol auf dem je eigenen Weg zur Nirvana-Erfahrung.

Buddha selbst räumt immer wieder ein, dass zwar die Inhalte seiner Lehre, also etwa die Theorie von den Ursachen des Leides und seiner Überwindung die Richtung vorgeben, dass aber das eigentliche Erwachen eine spirituelle Erfahrung ist, die über das bloße Studium nachvollziehbarer Lehrinhalte hinausgeht:

> Wahrlich, ich habe die Lehre gefunden, [...] die schwer zu schauen und zu begreifen ist, [...] die nicht durch das logische Denken erlangt werden kann [...].[76]

Das eigentliche ‚Erwachen' ist mit dem Verstand allein nicht mehr zu erfassen. Es entzieht sich sogar einer exakten Beschreibung mit sprachlichen Begriffen. Buddhas Philosophie basiert daher neben der theoretischen Hinführung mittels der Lehre der vier edlen Wahrheiten, des bedingten Entstehens und dem achtfachen Pfad vor allem auf der meditativen Erfahrung.

Das wahre Verständnis von Buddhas Kerngedanken des ‚Verlöschens' ist letztlich nur in der ‚Vertiefung' beziehungsweise in der erlösenden Praxis der Meditation zu erreichen. Der zusammen mit dem Dalai Lama bekannteste zeitgenössische Buddhist, der vietnamesische Zen-Meister Thich Nhat Hanh, sieht in den meditativen Übungen sogar den einzig zielführenden Zugang zum Buddhismus.[77] Und zweifellos macht die Meditation bis heute einen großen Teil der Faszination am Buddhismus aus. Sie hat seit ihren Ursprüngen in Indien einen weltweiten Siegeszug angetreten. Inzwischen gibt es eine unübersehbar große Zahl von Meditationspraktiken, die ursprünglich aus dem Buddhismus und dem Yoga hervorgegangen, diesen aber inzwischen mehr oder weniger weit entwachsen sind. Sie reichen von der Atem-, Achtsamkeits-, Geh-, Liege-, Schüttel-, Klang- und Mantra-Gesangsmeditation bis hin zu verschiedenen Tantra- und Yoga-Techniken sowie den im Zen-Buddhismus praktizierten meditativen Blumenarrangements (Ikebana), Teezeremonien, Kampf-(Karate) und Schreibkünsten (Kalligrafie). Im Folgenden wird ausschließlich Buddhas eigene Technik vorgestellt.

Das Geheimnis der Atem-Meditation: Nicht denken!

Buddha selbst praktiziert zeitlebens die sogenannte Atemmeditation. Seinen Schülern, Mönchen und den bekennenden Laien empfiehlt er ebenfalls diese Art der nach innen gewandten konzentrierten Vertiefung. Buddha ist unter einem Pappelfeigenbaum inmitten einer malerischen Landschaft zum Erwachen gekommen. Die Meditation kann aber, so Buddha, durchaus auch in einem leeren Raum stattfinden. Wichtig ist nur, dass man nicht gestört wird. Es geht um innere und äußere Stille:

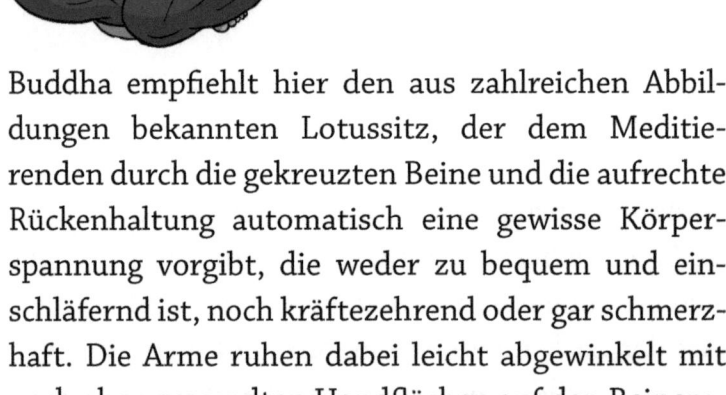

> Da setzt sich ein Bhikkhu (Mönch) nieder, nachdem er in den Wald oder zum Fuße eines Baumes oder in eine leere Hütte gegangen ist [...], die Beine gekreuzt, den Oberkörper aufgerichtet [...] hat.[78]

Buddha empfiehlt hier den aus zahlreichen Abbildungen bekannten Lotussitz, der dem Meditierenden durch die gekreuzten Beine und die aufrechte Rückenhaltung automatisch eine gewisse Körperspannung vorgibt, die weder zu bequem und einschläfernd ist, noch kräftezehrend oder gar schmerzhaft. Die Arme ruhen dabei leicht abgewinkelt mit nach oben gewandten Handflächen auf den Beinen:

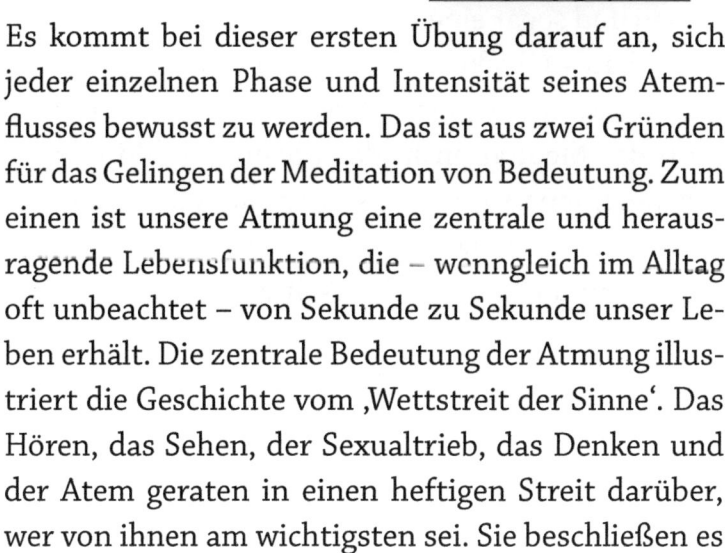

[...] nachdem er [...] die Achtsamkeit vor sich verankert hat, atmet er völlig achtsam ein, achtsam atmet er aus. Wenn er lang einatmet,

versteht er: ‚Ich atme lang ein'; oder wenn er lang ausatmet, versteht er: ‚Ich atme lang aus'. Wenn er kurz einatmet, versteht er; ‚ich atme kurz ein'; oder wenn er kurz ausatmet, versteht er: ‚Ich atme kurz aus'.[79]

Es kommt bei dieser ersten Übung darauf an, sich jeder einzelnen Phase und Intensität seines Atemflusses bewusst zu werden. Das ist aus zwei Gründen für das Gelingen der Meditation von Bedeutung. Zum einen ist unsere Atmung eine zentrale und herausragende Lebensfunktion, die – wenngleich im Alltag oft unbeachtet – von Sekunde zu Sekunde unser Leben erhält. Die zentrale Bedeutung der Atmung illustriert die Geschichte vom ‚Wettstreit der Sinne'. Das Hören, das Sehen, der Sexualtrieb, das Denken und der Atem geraten in einen heftigen Streit darüber, wer von ihnen am wichtigsten sei. Sie beschließen es herauszufinden, indem jeder ein Jahr lang seine Tätigkeit aussetzt. Das Jahr ohne Sehsinn führt ebenso wie dasjenige ohne Hörsinn zu zahlreichen Unfällen und Blessuren, das Fehlen des Denkens zu schlimmen Fehlern. Auch der Sexualtrieb als Lustbringer wird vermisst, doch das Leben geht jedes Mal weiter. Als aber der Atem an der Reihe ist und auszusetzen beginnt, erklären die anderen ihn unmittelbar zum Sieger und flehen ihn an, wieder einzusetzen.

Die Bedeutung des Atems besteht auch darin, dass er im Unterschied zu anderen lebensnotwendigen Funktionen wie zum Beispiel dem Herzschlag oder dem Blutkreislauf, bewusst gesteuert werden kann. Man kann beispielsweise schneller oder langsamer atmen und sogar eine Zeit lang die Luft anhalten. Als steuerbares Objekt und als unbewusst ablaufender Automatismus zugleich versetzt uns der Atem zu Beginn der Meditation in das Spannungsfeld unserer Existenz, einerseits etwas beeinflussen zu können, andererseits ausgeliefert zu sein, also gleichzeitig als Subjekt und Objekt in der Welt zu sein. Und darauf kommt es nun an.

Buddha sieht in der aufmerksamen Beobachtung des Atmens die Chance, sich selbst und seine Subjektivität zu überwinden und in eine objektive und Ich-befreite Dimension der Wahrnehmung zu gelangen.

Der Atem verbindet uns untrennbar mit der Welt. Empfindet man sich selbst vielleicht anfänglich noch als Atmenden, geht man im Laufe der Zeit immer mehr im Prozess der ein- und ausströmenden Luft auf. Man wird sich nur noch des Luftstromes gewahr, ohne ihn noch zu verändern oder beeinflussen zu wollen. Das nur scheinbar autonome Subjekt des Atmenden tritt in den Hintergrund und verschwindet.

Der nächste Vorteil der Konzentration auf das Atmen besteht in der Gewinnung der inneren Ruhe. Im Spüren des Atems können wir uns nämlich auf etwas konzentrieren, das uns aus der alltäglichen Sphäre des Nachdenkens befreit. Denn für den Fortschritt der Meditation ist in jedem Fall das Loslassen des reflektierenden Bewusstseins von entscheidender Bedeutung:

[...] er verweilt unabhängig, haftet an nichts in der Welt an.[80]

Doch das ist nicht so einfach. Die meisten Menschen bleiben an der Welt haften. Sie haben beim Meditieren das große Problem, dass ihnen gleich zu Beginn eine Flut von Gedanken durch den Kopf geht. Das ist normal, denn unser Gehirn ist den ganzen Tag auf Problemlösungen programmiert. Ob beim Überqueren einer Kreuzung, beim Einkaufen oder Arbeiten, immer müssen Situationen im Abgleich mit früheren Erfahrungen analysiert und beurteilt werden. In Sekundenschnelle werden Schlüsse gezogen, Strategien für Handlungen entworfen und Entscheidungen getroffen. Wenn dann in der Abgeschiedenheit und Ruhe der Meditation ein Freiraum entsteht, wird dieser sofort mit Gedanken ausgefüllt. Unser Gehirn kann, ähnlich wie eine aufgezogene Feder, nicht einfach aufhören zu ticken. Es rattert weiter und arbeitet auf, was tagsüber oder seit Längerem auf der Strecke geblieben ist. Buddha rät uns, aufkommende Gedanken in der Meditation nicht einfach wegzudrücken. Wir können sie durchaus zulassen, eine gewisse Zeit bei ihnen verweilen, ihre Bedingtheiten erkennen und sie dann wieder verabschieden. Dasselbe gilt für aufkommende Gefühle:

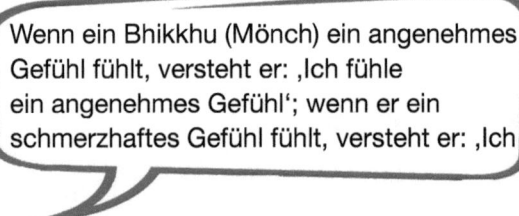

Wenn ein Bhikkhu (Mönch) ein angenehmes Gefühl fühlt, versteht er: ‚Ich fühle ein angenehmes Gefühl'; wenn er ein schmerzhaftes Gefühl fühlt, versteht er: ‚Ich fühle ein schmerzhaftes Gefühl'; Wenn er ein weder-schmerzhaftes-noch-angenehmes Gefühl fühlt, versteht er: ‚Ich fühle ein weder-schmerzhaftes-noch-angenehmes Gefühl'. […] er verweilt, indem er die Ursprungs- und Auflösungsfaktoren in Gefühlen betrachtet […].[81]

So wie mit den Gefühlen, verfährt der Meditierende am besten auch mit seinem Körper. Er beobachtet ihn eine Weile, lässt ihn dann aber hinter sich zurück, indem er ihn als nur bedingt entstanden erkennt. Er betrachtet seinen Körper objektiv und mit Gleichmut als bloße Ansammlung von materiellen Bestandteilen:

In diesem Körper gibt es Kopfhaare, Köperhaare, Nägel, Zähne, Haut, Muskelfleisch, Sehnen, Knochen,

[…] Herz, Leber […], Dickdarm, Dünndarm, Mageninhalt, Kot, Galle, Schleim, Eiter, Blut […] Gelenkschmiere und Urin.[82]

Der Meditierende kann seinen Körper als Anhaftung an die Welt hinter sich lassen, indem er sich die Vergänglichkeit all seiner Bestandteile bewusst macht und sich beispielsweise den finalen Verbleib seines Körpers konkret vor Augen führt:

[…] als ob er eine Leiche sähe, die auf ein Leichenfeld geworfen wurde – verrottete Knochen, zu Staub zerkrümelt. […] Er verweilt, indem er die Auflösungsfaktoren im Körper betrachtet […].[83]

Ebenso erkennt er sein eigenes Ich-Bewusstsein als nur bedingt entstanden, betrachtet dessen Vergänglichkeit und überschreitet es in der Meditation:

> Nachdem er den Bereich [...] des Bewußtseins überschritten, erlangt er den Bereich, in dem nicht irgend etwas mehr ist, der die Nicht-Irgendetwasheit genannt wird. Und

> nachdem er diesen Bereich des Nichtirgendetwasseins überschritten hat, erlangt er den Bereich des Wederwahrnehmens noch Nichtwahrnehmens.[84]

Wenn es dem Meditierenden also gelingt, seinen Körper, seine Gefühle, sein ständig rasselndes Denken und schließlich sein unterscheidendes Bewusstsein hinter sich zu lassen, kann es gelingen, die Wahrnehmung als Ganzes herunterzufahren und zur Ruhe zu bringen, also nicht mehr irgendetwas zu riechen, zu spüren, zu sehen, zu schmecken oder zu fühlen. Wenn das eintritt, ist er in einem Bereich des Nichtdenkens und des Nichtwahrnehmens von irgendetwas.

Im letzten Schritt der Meditation kommt es nun darauf an, dass der Meditierende dies nicht aktiv bewirkt, dass er also nicht mit irgendeinem psychischen Aufwand versucht, die Wahrnehmung oder Nichtwahrnehmung von irgendetwas zu verhindern oder zu erzwingen. Stattdessen versucht er nun in einen gelassenen, entspannten Zustand zu kommen, in dem er gar nicht mehr kämpfen muss, da er sich nun endgültig jenseits der Dimension des Wahrnehmens und Nichtwahrnehmens befindet:

Den Bereich der Grenzscheide von Wahrnehmen noch Nichtwahrnehmen überschritten habend, verweilt er und erlangt das Vergehen des Bewusstseins und des Gefühls. [...] Entronnen ist er dem Hängen an der Welt.[85]

Dieses finale ‚Entrinnen aus dem Hängen an der Welt‘ ist das Nirvana, das höchste Ziel der Meditation:

> […] das Ewige, das Ungeborene und nicht Entstandene, die leidfreie und fehlerlose Stätte, das Vergehen der schlechten Daseinsfaktoren, das Zurruhekommen der Triebkräfte, das ist das Glück.[86]

Nirvana und Alltag – das Zwei-Welten-Problem

Das Überwinden des erwägenden Denkens ist also der entscheidende Schritt auf dem Weg zur Erfahrung des Nirvanas:

> Welches die Befreiung von jenem bedeutet, das jenseits noch liegt des erwägenden Denkens […].[87]

An dieser Stelle sieht man deutlich den revolutionären, für westliche Ohren ungewohnten und auf den ersten Blick fremdartigen Kerngedanken von

Buddha. Es geht ihm um das Erreichen eines Zustandes, der ‚jenseits des erwägenden Denkens liegt'. Ist das tatsächlich möglich? Können wir jenseits des erwägenden Denkens noch Erfahrungen machen oder endet nicht mit dem Denken in Worten und Sätzen auch unsere ganze Welt? So behauptet etwa der Logiker und Sprachphilosoph Wittgenstein, es könne außerhalb des erwägenden sprachlichen Denkens prinzipiell keinerlei Erkenntnis mehr geben: „Die Grenzen meiner Sprache bedeuten die Grenzen meiner Welt."[88]

Auch lernen Schulkinder in Frankreich und in vielen Ländern der westlichen Welt die Auffassung des großen Rationalisten Descartes, wonach unser erwägendes Denken unhintergehbar und letztlich sogar der Garant unserer Existenz sei: „Ich denke, also bin ich"[89], stellt Descartes ultimativ fest. Ich kann zwar, so Descartes, an allem und jedem zweifeln, denn alles, was ich sehe und fühle, könnte tatsächlich nur, wie Buddha sagt, ein bedingt entstandenes Trugbild sein, aber das Zweifeln selbst, also unser Denken, so Descartes, ist im Moment des Zweifelns eine Gewissheit und kann selbst nicht mehr bezweifelt werden. Das Denken gibt uns somit die unmittelbare Gewissheit unseres Daseins. Denn in dem Augenblick, in dem ich an etwas zweifle, sei es nun echt oder falsch, steht zumindest fest, dass ich als Zweifelnder vorhanden bin.

Buddha hingegen sieht diese Selbstgewissheit, die im Moment des Denkens entsteht, nur als eine scheinbare Selbstgewissheit, als ein zu überwindendes Durchgangsstadium. Er würde den berühmten Ausspruch von Descartes „Ich denke, also bin ich" wahrscheinlich als rein vorläufige Erscheinungsform des bedingten Entstehens von Gewissheiten einordnen. Wir sind zwar, so Buddha, in dem Moment, in dem wir angestrengt nachdenken im Samsara, also in der Welt der bedingt entstehenden Wahrnehmungen, aber es gibt darüber hinaus eben noch die Möglichkeit, diese zu überwinden.

Mit dem Nirvana offenbart uns Buddha einen Erfahrungshorizont, der die evidente Erfahrung des erwägenden Denkens und des Ich-Bewusstseins noch übersteigt und hinter sich lässt. Nicht das Denken ist die höchste Form der Erkenntnis, sondern ein davon befreiter Zustand. Das selbstbezügliche Denken ist, so Buddha, letztlich eben kein Rettungsanker auf der Suche nach Wahrheit, sondern umgekehrt ein Störfaktor. In Relativierung der Descartesschen Feststellung, ‚Ich denke also bin ich', würde Buddha sagen: ‚Ich denke, also bin ich noch nicht im Zustand des Erwachens'.

Denn so lange wir noch dem unterscheidenden Denken verhaftet sind, unterliegen wir noch der bedingten Vorstellung eines denkenden Ichs, das alles, was sich in der Welt ereignet auf sich selbst bezieht und darin verharrt. Aus der Perspektive der wahren Welt des Nirvanas, ist die Welt des denkenden Ichs abkünftig und nur von relativer Wirklichkeit, weil sie durch Unwissenheit bedingt ist. Aber, so kann man kritisch fragen: Gibt es denn wirklich diese zweite Welt des Nirvanas?

Buddha argumentiert zunächst mit einem logischen Ausschlussverfahren. Es muss sie geben, da sonst kein Entkommen aus der normalen Welt möglich wäre und auch er selbst dieser nicht hätte entkommen können:

Es gibt ein Ungeborenes, Ungewordenes, Ungemachtes Ungeschaffenes. Gäbe es nämlich nicht jenes [...], so gäbe es keinen Ausweg aus dem Geborenen, Gewordenen, Gemachten und Geschaffenen. Weil es aber dieses [...] gibt, darum gibt es eben einen Ausweg [...].[90]

Dann versucht uns Buddha die Welt des Nirvanas, beziehungsweise dieses zweite „Gebiet", wie er es nennt, noch etwas genauer zu beschreiben:

> Es gibt ein Gebiet, wo weder Erde ist, noch Wasser, noch Feuer, noch Wind, weder die Sphäre der Unendlichkeit des Raumes, noch

> der Unendlichkeit des Bewußtseins, noch die [...] Wahrnehmung und Nichtwahrnehmung [...]. Das ist das Ende des Leidens.[91]

Doch an Stellen wie dieser entsteht nun für westliche Ohren ein nicht unerhebliches logisches oder auch erkenntnistheoretisches Problem. Wenn es, wie Buddha sagt, zwei ‚Gebiete' gibt, zum einen das Gebiet des bedingten Entstehens, also ein Gebiet der Anhaftungen an die Welt und zum anderen das Gebiet des Nirvanas, in dem jede Ich-Bewusstheit und Wahrnehmung zurückgelassen wird, wie kann er dann selbst nach seiner Rückkehr davon berichten, wo er doch sein Ich-Bewusstsein überwunden hat?

Wer oder was hat im bewusstseinslosen Zustand die Nirvana-Erfahrung gemacht? Wer hat die Beschaffenheit dieses Gebietes memoriert? Oder anders herum gefragt, wenn jede Ich-Erfahrung immer nur in Abhängigkeit von anderen Faktoren bedingt entstanden ist und somit kein Sein an sich selbst hat und zweitens diese Ich-Erfahrung durch das Heraustreten aus allen Anhaftungen endgültig überwunden worden ist, welches Ich hat dann noch überdauert und kann später davon berichten? Buddha selbst hat dieser logischen und erkenntnistheoretischen Unvereinbarkeit keine Aufmerksamkeit geschenkt, da sie ihm für die erlösende Praxis unwichtig erschien. Wie selbstverständlich spricht er von beiden Welten:

> Ich bin [...] in dieser Welt und in der anderen Welt, [...] geschickt im Reich des Todes und dem, was außerhalb des Reichs des Todes liegt. Es wird [...] zum Wohlergehen [...] jener gereichen, die meinen, daß sie [...] Vertrauen in mich setzen sollten.[92]

Buddhisten späterer Jahrhunderte versuchten, das Zwei-Welten-Problem nachträglich zu lösen, indem sie das Nirvana nicht mehr als völliges Erlöschen verstehen wollten, sondern nur mehr als eine Art subjektlosen Geistzustand, der durchaus noch erinnerbare Erlebnisse zulässt, der aber aufgehört hat, das Erlebte als ‚ich' oder als ‚mein' bestimmten persönlichen Wertungen zuzuordnen. Es gäbe demnach im Nirvana sehr wohl Wahrnehmungen, aber diese Wahrnehmungen würden nicht mehr auf ein Selbst oder ein ‚Ich-Bewusstsein' bezogen werden, da es dort kein Selbst mehr gäbe. Es wäre eine mittelpunktlose Wahrnehmung. Der logische Widerspruch, dass Buddha einerseits im Nirvana in einem Zustand der Nicht-Wahrnehmung und des Nicht-Ichs war und sich später als Gautama Buddha doch wieder persönlich daran erinnern konnte, sei ein Stück weit aufgelöst, wenn man sich vergegenwärtige, dass Buddha im Nirvana in einen ‚objektiven Geistzustand' eingetreten sei, den er auch nach seiner Rückkehr in die Welt des bedingten Entstehens nie wieder verlassen oder aufgegeben habe, was man an seinem inspirierten und selbstlosen Denken und Handeln ablesen könne. Auch wird von buddhistischer Seite argumentiert, dass es sich beim Erwachen in der Nirvana-Erfahrung und der Alltagswelt des Samsara nur scheinbar um zwei verschiedene Welten oder wie

Buddha sagt, um zwei verschiedene ‚Gebiete' handle, da das Erwachen im Nirvana zwar das Ich überwinden würde, aber eben dieses Ich auch schon vorher nur als Illusion existiert hat. Weder im erwachten Zustand des Nirvana, noch in der Alltagswelt des Samsara gäbe es ein reales Ich.

Letztlich darf man hier die buddhistische Lehre nicht auf die philosophische Goldwaage legen. Schließlich hat Buddha selbst eingeräumt, dass das Nirvana mit bloßer Logik nicht zu erfassen ist:

Wahrlich, ich habe die Lehre gefunden, [...] die nicht durch das logische Denken erlangt werden kann [...].[93]

Buddha beschreibt das Nirvana meistens nur indirekt oder negativ in Umkehrung und Abhebung zur vergänglichen und veränderlichen Alltagswelt als „Ungewordenes, Ungemachtes, Ungeschaffenes, Todloses und keinem Wandel mehr Unterworfenes". Der Grund der Darstellung in der Negation liegt darin, dass man das Nirvana positiv, also in seinem eigentlichen Kern, mit Worten nicht beschreiben kann. Das heißt aber nicht, dass es deshalb irreal ist. Die Erfahrungsberichte Zen-buddhistischer Meister und ihrer Schüler bekunden eindrucksvoll, dass es die Dimension des Nirvanas durchaus geben kann. Der vor allem in Japan und China beheimatete Zen-Buddhismus hat es sich sogar zur Aufgabe gemacht, speziell das ‚Zazen‘, also das Erreichen des meditativen Zustands des ‚Erwachens‘ in den Mittelpunkt seiner Lehre zu stellen. Ausgehend von der klassischen Lotus-Sitzmeditation Buddhas, wird im Zen versucht, ganz gezielt den zweifachen Dualismus der Alltagswelt aufzuheben, zum einen den Dualismus von Geist und Körper, zum anderen den Dualismus vom eigenen Ich-Bewusstsein und der äußeren Welt, also von Subjekt und Objekt.

Wenn wir beispielsweise im Alltag Hunger haben, ordnen wir das Hungergefühl dem Magen, also dem Körper zu und denken mit unserem Geist darüber nach, was mir machen sollen, ob noch etwas im Kühlschrank ist, ob wir einkaufen oder in die Imbissbude gehen. Wenn wir Übergewicht haben, ärgern wir uns und denken vielleicht daran, wie wir den Körper als Trainingsobjekt im Fitnessstudio wieder in Form bringen können. Wir erleben Körper und Geist voneinander getrennt.

In der Meditation verschmelzen dagegen Körper und

Geist im Fluss des Atmens zu einer Einheit, der Dualismus wird aufgehoben, ebenso wie wir die Welt um uns herum nicht mehr als ein fremdartiges oder widerständiges Außerhalb, sondern als Teil von uns empfinden. Wir hören auf, als Subjekt irgendetwas in der Außenwelt bewirken zu wollen oder umgekehrt Einwirkungen von irgendeinem Objekt zu empfangen. Das gegenseitige Einwirken von Innen und Außen, das wir aus dem Alltag kennen, kommt vollständig zur Ruhe. „Ein Mensch, der das Erwachen erlangt hat, gleicht dem Mond, der sich im Wasser spiegelt: Der Mond wird nicht nass und das Wasser wird nicht bewegt."[94] So beschreibt es der berühmte Zen-Meister Dogen.

Die Aufhebung des Dualismus in der Zen-Meditation kann auch mit Hilfe von Buddhas Lehre des bedingten Entstehens nachempfunden werden. Es gibt, so Buddha, im ganzen Universum nichts, was aus sich selbst heraus existiert. Alles ist bedingt. Ein Pflanzenkeim trägt zwar bereits die Anlagen seiner späteren Entfaltung in sich, wird jedoch nur bedingt zur Blume, nämlich unter der Bedingung, dass er auf fruchtbare Erde fällt, es genügend regnet, die Sonne scheint und ausreichend Photosynthese möglich wird. Auch uns selbst gibt es nur bedingt. Wir sind bedingt durch unsere vorgeburtliche Zeugung, durch unsere Gene, durch alles, was wir seit unserer Geburt mit unseren sechs Sinnen wahrgenommen und erfahren haben, durch unsere Triebe, Gefühle, Bedürfnisse, durch unsere Eltern, Begegnungen, Kultur und Sprache, durch die Geschichte unseres Landes und letztlich sogar durch die gesamte Evolution und den, im wörtlichen Sinne, sich anordnenden „Sternenstaub" des Urknalls.

Die tiefe Erfahrung, dass letztlich im Universum nichts Einzelnes als Einzelnes für sich besteht, weder die Dinge außerhalb von uns noch wir selbst, ist das ‚Erwachen'. Das Bewusstsein kennt in diesem Zustand kein Ich und kein Nicht-Ich. Bildhaft lässt es sich mit einem wolkenlosen, absolut klaren Himmel vergleichen, der keine Begrenzung, kein Innen und kein Außen hat. Das Bewusstsein ist im Hier und Jetzt, ohne dass es noch einen Beobachter oder einen Gegenstand der Beobachtung gibt.[95]

Diese Erfahrung des Erwachens wirkt über die Phase der Meditation hinaus und entfaltet eine transformative Kraft. Sie ermöglicht auch im Alltag, so berichten es diejenigen, die es erlebt haben, eine innere Festigung und langfristig eine konzentrierte, präsentere und gleichzeitig gelassenere Lebenshaltung.

Die Wirkung und transformative Kraft der Meditation ist inzwischen auch wissenschaftlich erforscht und belegt worden. Zum einen konnten bei meditierenden Probanden in zahlreichen Studien entsprechende neurophysiologische Veränderungen eindeutig nachgewiesen werden;[96] zum anderen werden buddhistische Meditationstechniken inzwischen erfolgreich zur Therapie einer Reihe von depressiven Erkrankungen, Schmerz- und Angststörungen eingesetzt. Weltweit am bekanntesten ist die sogenannte MBCT, die ‚Mindfulness-Based Stress Reduction'. Das amerikanische Wort ‚Mindfulness' entspricht dem deutschen Begriff ‚Achtsamkeit'. Es handelt sich also um eine therapeutische Intervention zur ‚achtsamkeitsbasierten Stressbewältigung'. Ins Leben gerufen wurde sie 1979 vom amerikanischen Molekularbiologen Prof. Kabat-Zinn, dem es nach Jahren intensiver Beschäftigung mit dem Zen-Buddhismus gelang, verschiedene Achtsamkeitsübungen wie die Atem-, Geh-, Sitz- und Bewegungsmeditation zu einem therapeutischen Prozess zu verbinden. Durch ‚Umschulung' entwickelt das Gehirn neuronale Verbindungen und Wahrnehmungsformen, die es ermöglichen, bestehende Zustände von Angst, Schmerz, Hilf- und Antriebslosigkeit zu überwinden. In der von Kabat-Zinn gegründeten ‚Stress Reduction Clinic' von Massachusetts erzielte er insbesondere bei Schmerzpatienten und depressiv Erkrankten überraschende

Erfolge. Nachdem die therapeutische Wirkung in Großstudien mehrfach wissenschaftlich evaluiert und als signifikant bestätigt wurde, wird sie weltweit anerkannt und eingesetzt.[97]

Galt die buddhistische Meditation lange Zeit nur als esoterisch mystisches Ritual, wird ihre Wirksamkeit inzwischen von wissenschaftlicher Seite nicht mehr bestritten. Buddha erkannte bereits vor zweitausendfünfhundert Jahren die befreiende und transformative Kraft der Meditation und wollte sie seinen Zeitgenossen nahebringen. Zugleich empfahl er seinen Mönchen, die bereits in die Dimension des Erwachens vorgedrungen waren, im Alltag gegenüber anderen Menschen bescheiden zu bleiben:

Unsere Lebensweise soll geläutert, klar und offen, tadellos und beherrscht sein, und wir wollen uns um dieser geläuterten Lebensweise willen nicht selbst loben und andere geringschätzen.[98]

Doch wie verhält sich ein Buddhist oder ein bekennender Laie, dem es gelungen ist, sich in der ‚Vertiefung' von den Anhaftungen an die Welt zu befreien, der aber am anderen Morgen wieder in die Arbeit fahren muss? Ist die meditative Versenkung, wenn sie in der Nirvana- Erfahrung mündet, noch ‚alltagskompatibel'? Auch hierauf gibt uns Buddha eine konkrete Antwort:

[...] unser körperliches Verhalten, sprachliches Verhalten, geistiges Verhalten [...] sind geläutert, wir beschützen unsere Sinnestore, wir halten Maß beim Essen, wir widmen uns der Wachsamkeit, [...] und wir sind von Achtsamkeit und Wissensklarheit erfüllt [...].[99]

Zudem wird vom Erwachten im Bewusstsein des universellen Leidens aller Lebewesen liebende Anteilnahme empfunden. Erwacht zu sein bedeutet im Alltagsleben, inmitten unserer Begrenztheiten und

Bedingtheiten befreit leben zu können und für die Befreiung anderer Lebewesen einzutreten.

Diese besondere Lebensweise schließt ein arbeitsames Leben nicht aus. Zwar können Mönche, die wie Buddha bedürfnislos mit der Bettelschale von Ort zu Ort ziehen oder in Klöstern außerhalb gesellschaftlicher Zwänge leben, leichter zu ‚Arhats', also zu ‚Erwachten' werden, doch bekannten sich auch Bauern, Adelige, Kaufleute, Händler, Handwerker und sogar Könige zu Buddhas Lehre. Sie unterstützen ihn und stifteten drei Klöster, in denen Buddha in höherem Alter gerne die Regenzeit verbrachte. Solche Menschen, die zwar noch in den gesellschaftlichen Produktionsprozess eingebunden sind, die aber bereits versuchen, die vier edlen Wahrheiten und damit ihre Anhaftung an das nur bedingte Entstehen zu erkennen, bezeichnet Buddha als „Weltlinge", insofern sie sich bemühen, aber eben noch dem Begehren anhaften. Diejenigen, die bereits mit der Überwindung ihrer Anhaftungen begonnen haben, gelten als „Stromeingetretene". Sie sind zwar noch schwach und ein gutes Stück weit entfernt vom eigentlichen Erwachen, haben sich aber bereits in den Strom der Überwindung der Anhaftung an das Leben hineingewagt. Sie haben gute Chancen, ihn erfolgreich zu überqueren:

> Genau wie Kälber und das schwache Vieh dem Strom des Ganges trotzten und sicher ans jenseitige Ufer gelangten, so auch jene, [...] die Stromeingetretene geworden sind [...].[100]

‚Stromeingetretene' haben also das Ziel der Loslösung von allem Weltlichen und des Nirvanas bereits im Auge, hinterlassen aber am Ende ihres Lebens meist noch Anhaftungen und negative Energien, die von nachfolgenden Generationen in einer, allerdings überschaubaren Reihe, von Wiedergeburten erst bewältigt werden müssen. Ferner gibt es die ‚Einmalwiederkehrer'. Sie sind nach ihrer letzten Wiederkehr bereits vollkommen von Anhaftung, Hass, Begierde und Verblendung befreit und können das Nirvana erreichen. Buddha benennt also letztlich mit ‚Weltlingen', ‚Stromeingetretenen', ‚Einmalwiederkehrern' und ‚Arhats' vier Gruppen von Menschen, die alle nach Erlösung suchen, auf ihrem Weg aber unterschiedlich weit fortgeschritten sind.

Diese Integration aller Menschen bei gleichzeitiger gradueller Abstufung auf ihrem Weg der Befreiung öffnet Buddhas Lehre über das engere Mönchs- und

Klosterleben hinaus für viele weitere gesellschaftliche Gruppen. Sie hat insofern einen erheblichen Anteil an der weltweiten Verbreitung des Buddhismus.

Letztlich ermutigt Buddha uns alle, seinen Weg zu gehen, selbst dann, wenn wir in unserem bisherigen Leben der Gier verfallen sind. Einem Händler, der besorgt ist, dass er vor seinem Tod nicht mehr lange genug den Weg der Reinheit und des Erwachens gehen könne, da er in seinem Leben schon zu viele Menschen über den Tisch gezogen habe, antwortet Buddha, dass schon wenige neu gewachsene Zweige ausreichen können, um einen alten Baum am Ende, wenn seine Zeit gekommen ist, in die richtige Richtung fallen zu lassen. Egal was wir getan haben, es ist im Grunde nie zu spät, eine Umkehr zu vollziehen und durch richtiges Handeln das Falsche auszulöschen:

Jemand, der dem Nehmen von nicht Gegebenem verfallen ist, kann es mit der Enthaltung von Nehmen von nicht Gegebenem auslöschen. [...] Jemand, der

unwahrer Rede verfallen ist, kann sie mit der Enthaltung von unwahrer Rede auslöschen.[101]

Buddhas Vermächtnis: Gelassenheit als Befreiung und radikales Loslassen

Buddhas Vermächtnis ist ein zweifaches. Zum einen sollte jeder Mensch ein Leben lang an seinem Karma arbeiten und der Nachwelt keine schlechten Energien hinterlassen, zum anderen aber sollte er sich dabei auf keinen Fall selbst überschätzen. Der französische Journalist und Politiker Clemenceau soll einmal gesagt haben: „Die Friedhöfe der Welt sind voll von Leuten, die sich für unentbehrlich hielten." Dieser Satz könnte auch von Buddha stammen. Tatsächlich sehen viele Menschen ihre Bestimmung darin, ohne Unterlass an der Vermehrung von Macht, Vermögen und ihrer Bedeutung zu arbeiten. Doch mit dem Streben nach Anerkennung und Ruhm geben sie sich letztlich einer großen Illusion hin. Sie halten ihr Leben, ihr Ego und ihren eigenen Anteil an der Welt für erheblich bedeutender, als er ist und verdrängen ihre Nichtigkeit. Buddha erinnert uns immer wieder an die Vergänglichkeit aller Güter und vor allem an die Vergänglichkeit unserer eigenen Existenz. Er würde zweifellos auch die modernen Anti-Aging-Bemühungen ablehnen, etwa durch Frischzellenkuren das Leben künstlich zu verlängern:

> Besser als hundert Jahre zu leben,
> Ohne die Vergänglichkeit zu sehen,
> ist ein einziger Tag des Erkennens,
> Wie alle Dinge entstehen und vergehen.[102]

Buddha erinnert uns auch daran, den mittleren Weg zu gehen, uns also weder dem Sinnesrausch, der rastlosen Gier nach Äußerlichkeiten hinzugeben, noch uns umgekehrt gänzlich in Askese und Passivität von der Welt abzuwenden:

> Erheb dich und begib dich rechtzeitig auf den Weg. Wenn du als ein junger, gesunder und kräftiger Mensch [...] träge, entschlusslos und geistig unbeweglich bist [...], wirst du den Weg des Verstehens niemals finden.[103]

Dem Spieler eines Saiteninstrumentes erklärt Buddha den mittleren Weg mit dem Bild der ‚wohlgespannten Saite'. Man kann sich im Leben der totalen Askese oder der völligen Ausschweifung hingeben. Doch so wie eine Saite eines Instruments nur dann zum schönen Spiel beiträgt, wenn sie weder zu viel noch zu wenig Spannung hat, muss auch im Leben ein mittlerer Weg zwischen den Extremen gesucht werden.[104]

Der mittlere Weg bedeutet aber auch, dass wir das Leben annehmen sollen, und zwar jeder an seiner Stelle. Der Weg zur Befreiung vom Leid durch die Erkenntnis der vier Wahrheiten steht prinzipiell allen Menschen offen. So zählten zu Buddhas Anhängern seit jeher ebenso Frauen wie Männer, aber auch Bauern, Kaufleute sowie Angehörige aller Kasten und gesellschaftlichen Schichten. Natürlich, so Buddha, haben es Mönche, die zurückgezogen und bedürfnislos leben, leichter als Familienväter, Mütter oder Geschäftsleute, sich den materiellen Imperativen der Alltagswelt zu entziehen. Dennoch ist das Loslassen der weltlichen Dinge und das Erreichen einer gewissen Gelassenheit und Ich-Losigkeit prinzipiell für jeden möglich. Wenn ein Mensch aus der meditativen Erfahrung des Erwachens in den Alltag zurückkehrt, kann er die Außenwelt mit all ihren Erscheinungen wahrnehmen, ohne dabei der Illusion zu verfallen, diese einzig und allein auf sein Ego hin zentrieren und bewerten zu müssen:

> So wahrlich geschieht es [...] einem Wissenden, daß, obwohl [...] sein Körper mit Bewußtsein erfüllt ist und in der Außenwelt sich alle äußeren Erscheinungen finden, der Sinn doch abgewandt ist von falschem Stolz, der die Vorstellung von dem ‚ich' und dem ‚mein' hervorbringt, und er alle Unterscheidungen hinter sich läßt, beruhigt und völlig erlöst ist.[105]

Diese völlige Befreiung vom falschen Stolz und der Vorstellung vom ‚Ich'-Bewusstsein, von ‚mein' und ‚dein' und allen anderen Unterscheidungen ist aber, das weiß auch Buddha, für die meisten Menschen nur schwer zu erreichen.

Viel zu sehr sind wir in der Gesellschaft damals wie heute in die Strukturen von ‚mein' und ‚dein' eingebunden, viel zu sehr gewinnen wir von Geburt an unser ‚Ich-Bewusstsein' aus unseren sozialen und ökonomischen Erfolgen und Misserfolgen, als dass wir in der Lage wären, unser Ich-Bewusstsein völlig loszulassen, geschweige denn dieses grundsätzlich als Illusion zu erkennen. Viel zu sehr hängen wir an unseren Bedürfnissen nach Essen, Trinken, Sexualität, einer schönen Wohnung, sozialer Anerkennung und Altersvorsorge. Die allermeisten Menschen sind in der Tat so sehr mit der Absicherung und Vermehrung ihrer eigenen Lebenschancen und der ihrer Kinder beschäftigt, dass sie vergessen, den Sinn all ihrer Bemühungen und damit den Sinn des Lebens noch irgendwie im Auge zu behalten. Hinzu kommt die Angst, loszulassen, sich selbst nicht mehr wichtig zu nehmen und sich womöglich in Antriebslosigkeit zu verlieren. Deshalb versteifen wir uns lieber auf das, was wir gerade tun, was wir haben, wollen es festhalten, vermehren und machen uns vor, dass es immer so bleiben wird.

Buddha erinnert uns aber daran, dass unser Leben letztlich nur der Flügelschlag eines Schmetterlings in der Zeit ist, dass am Ende nichts übrigbleibt, was wir mitnehmen können.

Wir sind, so Buddha, letztlich nur aus einem ewigen Universum in die Existenz geworfen, um nach kurzer Zeit wieder aufgelöst zu werden. „Das letzte Hemd hat keine Taschen", lautet der Refrain eines alten

Kiezliedes aus St. Pauli in Anspielung auf die Lei-
chenhemden, die zweckmäßigerweise keine Brust-
oder Seitentaschen für Geld, Handys und Kredit-
karten mehr vorsehen. Der Liedtext erinnert uns im
buddhistischen Sinne daran, unser Lebensglück
nicht an materielle Werte zu knüpfen. Diese Bot-
schaft Buddhas ist tröstlich, aber natürlich zugleich
auch sehr ernüchternd. Wer von uns kann und will
schon wirklich loslassen?

Es ist eine interessante und faszinierende Entwick-
lung, dass seit einigen Jahrzehnten gerade in den
Haushalten westlicher Metropolen eine rasch wach-
sende Zahl von Buddha-Statuen ihren Platz findet.
Die meisten Menschen, die beispielsweise in Lon-
don, Paris, Berlin oder New York eine Buddha-Figur
dekorativ auf das Bücherregal, die Vitrine oder auf
den Schuhschrank stellen, haben nur eine ungefähre
Ahnung davon, was Buddha gesagt oder getan hat.
Wenn man sie aber fragt, warum sie eine solche Sta-
tue in der Wohnung haben, antworten viele, dass die
Buddha-Statue schlicht und einfach wunderschön
sei und eine wohltuende Ruhe und Gelassenheit aus-
strahle. Wohl deshalb findet man sie auch in immer
mehr Wellnessoasen und Hotels. So wie Che Gueva-
ra in der westlichen Welt zur Ikone der Revolution
wurde, steht Buddha inzwischen für Ruhe und Acht-

samkeit in allen Lebenslagen. Diese ästhetisierende Wahrnehmung Buddhas als Verkörperung der Gelassenheit ist im Kern nicht mal falsch:

Glückselig verweilt derjenige, der voll Gleichmut und Achtsamkeit ist.[106]

Es wird dabei allerdings ausgeblendet, woher diese Lebenshaltung letztendlich kommt. Sie entspringt einer kompromisslosen Radikalität. Es gibt für Buddha keinen Gott und kein Weiterleben unserer Seelen nach dem Tod in einem wie auch immer gearteten Paradies. Auch der ewige Kreislauf von Geboren werden, Leben und Sterben, den wir bei Pflanzen, Tieren, Menschen und im ganzen Universum beobachten können, ist nur eine Neuanordnung von Kräften und Energien. Selbst eine individuelle Wiedergeburt der Seele gibt es für Buddha nicht. Auch die Wiedergeburt positiver Karma-Energie ist keine Option. Im Gegenteil, erst wenn es uns gelingt, bei unserem Tod keine negativen Energien mehr zu hinterlassen, er-

reichen wir das höchste Ziel, das wir erreichen können – das völlige Verlöschen, das Nirvana:

Ich verkündige euch [...] die Freiheit
von der Wiedergeburt; [...] Keinen
Grund gibt es mehr für das Sehnen
nach dem Leben. Dies ist das Ende
des Leides.[107]

Denn im Nibbāna versinkt der heilige
Wandel; er hat in ihm sein Ende und
findet im Nibbāna sein höchstes Ziel.[108]

Gelingt es einem Menschen, diese Haltung der radikalen Gelassenheit einzunehmen, sei es am Ende
seines Lebens oder bereits vorher, dann gibt sie ihm
die Kraft, sich von der Schwere des Lebens und des
Sterbens nicht länger beunruhigen zu lassen:

Wenn er es so [...] sieht, ist sein Herz von Sinnestrieb befreit [...]. Er versteht: ,Geburt ist zu Ende gebracht, das heilige Leben ist gelebt, es ist getan, was getan werden mußte [...].[109]

Und als wäre diese Akzeptanz des Aufgehens im Nirvana nicht bereits der finale Abschied von allem weltlichen Streben, allen Ängsten und aller Unstetigkeit, gibt uns Buddha noch eine letzte radikale Beruhigung unseres unruhigen Geistes mit auf den Weg, wenn er uns versichert:

[...] darüber hinaus gibt es nichts mehr.[110]

Zitatverzeichnis

1 Zitat, Buddha, Udāna V,5, Reden des Buddha, Aus dem Palikanon
übersetzt von Ilse-Lore Gunsser, Reclam-Verlag, Stuttgart 1957, S. 70,
im Folgenden zitiert als „Reden des Buddha"

2 Die Lebenszeit von Buddha lässt sich nicht exakt datieren. Die
ältesten Berechnungen stammen aus Sri Lanka und sehen seinen Tod
im Jahr 544 v. Chr. unserer Zeiterfassung, was bis heute für die
Mehrheit der Buddhisten den Beginn der Zeitrechnung markiert.
Dieses Datum wird in der Forschung als „südliche buddhistische
Chronologie" bezeichnet. In der neueren Forschung gehen Historiker
und Biographen aber von einer Lebenszeit von circa 560 - 480 v. Chr.
aus.

3 Zitat, Buddha, Udāna, VI,4, Reden des Buddha, S. 49

4 Zitat, Buddha, Udāna, VI,4, Reden des Buddha, S. 52

5 Zitat, Buddha, Udāna, VI,4, Reden des Buddha, S. 53

6 Zitat, Buddha, Majjhima Nikāya 26, Mittlere Sammlung, Die Rede
vom rechten Forschen, Reden des Buddha, S. 23

7 Zitat, Buddha, Samyutta Nikāya 23,1, Gruppierte Sammlung, Reden
des Buddha, S. 80

8 Zitat, Buddha, Samyutta Nikāya 56,11, Gruppierte Sammlung, Reden
des Buddha, S. 37 f.

9 Zitat, Buddha, Samyutta Nikāya 56,11, Gruppierte Sammlung, Reden
des Buddha, S. 36

10 Zitat, Buddha, Samyutta Nikāya 56,11, Gruppierte Sammlung, Reden
des Buddha, S. 37

11 Zitat, Buddha, Majjhima Nikāya 26, Mittlere Sammlung, Reden des
Buddha, S. 22 f.

12 Zitat, Buddha, Udāna VIII,1, Reden des Buddha, S. 81

13 Zitat, Buddha, Dāgha Nikāya XVI,2, Lehrreden der längeren Sammlung, Reden des Buddha, S. 72

14 Zitat, Buddha, ebenda

15 Siddhartha Gautama ist die Sanskrit-Form seines Namens. Die ältere
Pali-Bezeichnung lautet Siddhartha Gotama.

16 Buddhas Existenz ist inzwischen in Asien wie auch in Europa
historisch belegt. Lange Zeit wurde er von europäischer Seite nur als
legendäre und fiktive Figur gesehen. Doch der Indologe Hermann

Oldenberg (1854-1920) hat erstmals Buddhas Leben genau erforscht, Mythos und Realität gemäß der Quellenlage getrennt und versucht, Buddhas tatsächliche Biographie zu rekonstruieren. Inzwischen besteht an Buddhas Existenz in der Wissenschaft keinerlei Zweifel. Allerdings gibt es noch Probleme hinsichtlich der exakten Datierung und der durchgehenden Authentizität seiner überlieferten Reden und Gespräche. Buddha selbst hat nämlich genau wie Sokrates oder Konfuzius zu seinen Lebzeiten nichts aufgeschrieben und keine Texte hinterlassen. Zwar haben sich die Schüler gleich nach seinem Tod in einem Konzil versammelt, den genauen Inhalt der Lehre rekapituliert und ihre wortgetreue Bewahrung vereinbart, doch die Überlieferung der Lehre erfolgte zunächst nur mündlich. So wurde auf dem Konzil von verschiedenen Mönchen ein Kanon der Lehre (Dharma) und ein ergänzender Kanon mit den Ordensregeln (Vinayapitaka) zusammengestellt und auswendig gelernt. Doch erst circa hundert Jahre später entstanden daraus die ersten Aufzeichnungen in den Sprachen Pali und Sanskrit. Die Muttersprache Buddhas war jedoch Magadhi, so dass bereits in der Entstehungsphase mit kleineren Übersetzungsabweichungen gerechnet werden muss. Später folgten dann noch Übersetzungen ins Chinesische und weitere Sprachen. Der in diesem Buch verwendete Pali-Kanon gilt als erste Niederschrift und somit als verlässlichste Quelle der Äußerungen Buddhas, wenngleich man auch hier einige nachträgliche Ergänzungen in Betracht ziehen muss. Der Pali-Kanon besteht aus drei ‚Pikatas‘, wörtlich aus drei sogenannten ‚Körben‘. Man spricht von drei Körben, da die ersten Niederschriften der Buddhisten auf Palmblättern erfolgten, die dann thematisch geordnet in geflochtenen Körben aufbewahrt wurden. Der erste Korb enthält die Vinayapikata, die Ordensregeln, der zweite die Suttas, die Lehrreden des Meisters, und die dritte die Abhidhammapitakaya, die schematisiert dargestellte Lehre in Form von Listen und Tabellen. Die mit Abstand wichtigste und verlässlichste Quelle ist dabei der zweite Korb, also die Suttas, die eigentlichen Lehrreden Buddhas. Sie sind wiederum in verschiedene „Sammlungen“, sogenannte „Nikāyas“ unterteilt, in lange, mittellange und nach Themen gruppierte Lehrreden, also erstens in die Dāgha Nikāya, die längere Sammlung, zweitens in die die Majjhima Nikāya, die mittlere Sammlung und drittens in die die Samyutta Nikāya, die gruppierte Sammlung.
Zur Quellenlage buddhistischer Texte vgl. Volker Zotz, Buddha, Ro-

wohlt Verlag, Reinbek bei Hamburg 1991, S. 14-18

Vgl. Hans Wolfgang Schumann, Der historische Buddha, Leben und Lehre des Gautama, Diederichs Verlag, München 1999, S. 18 – 42

17 Zitat, Buddha, Anguttara Nikāya I,1, Rupadivagga, zitiert nach Volker Zotz, Buddha, Rowohlt Verlag, Reinbek bei Hamburg 1991, S. 22 f., im Folgenden zitiert als „Zotz"

18 Zitat, Buddha, Anguttara Nikāya IIII, 104, Sambodhavagga, zitiert nach Zotz, S. 25

19 Zitat Buddha, Majjhima Nikāya 26, Die edle Suche, Die Lehrreden des Buddha aus der mittleren Sammlung, übers. von Kay Zumwinkel, Jhana Verlag, Uttenbühl 2001, S. 306, im Folgenden zitiert als „Majjhima Nikāya, Lehrreden Mittlere Sammlung"

20 Zitat, Buddha, Majjhima Nikāya 36, Die längere Lehrrede an Saccaka, Lehrreden Mittlere Sammlung, S. 400

21 Zitat, Buddha, ebenda

22 Zitat, Buddha, ebenda

23 Zitat, Buddha, Samyutta Nikāya 56,11, Gruppierte Sammlung, Die Rede im Tierpark von Benares von den vier edlen Wahrheiten, Reden des Buddha, S. 35

24 Zitat, Buddha, Majjhima Nikāya 26, Die edle Suche, Lehrreden Mittlere Sammlung, S. 308

25 Zitat, Buddha, Majjhima Nikāya 26, Die edle Suche, Lehrreden Mittlere Sammlung, S. 309

26 Zitat, Buddha, Majjhima Nikāya 26, Die Rede vom rechten Forschen, Mittlere Sammlung, Reden des Buddha, S. 29

27 Zitat, Buddha, Samyutta Nikāya 56,11, Die Rede im Tierpark von Benares von den vier edlen Wahrheiten, Gruppierte Sammlung, Reden des Buddha, S. 36

28 ebenda

29 Zitat, Buddha, Udāna 8,8, zitiert nach Hans Wolfgang Schumann, Buddhismus, Stifter, Schulen und Systeme, Walter Verlag, Olten 1976, S. 60 f., im Folgenden zitiert als „Schumann"

30 Zitat, Buddha, Majjhima Nikāya 28, Die längere Lehrrede vom Gleichnis von der Elefantenspur, Lehrreden Mittlere Sammlung, S. 329

31 Zitat, Buddha, Udāna, I,3, Das Entstehen in Abhängigkeit, der Paticca-Samuppada, Reden des Buddha, S. 41 f.

32 Zitat, Buddha, Samyutta Nikāya 42,11, Die Lehre vom Leiden und die Liebe vom Vater zum Sohn, Gruppierte Sammlung, Reden des

Buddha, S. 40

33 Zitat, Buddha, Majjhima Nikāya 26, Die Rede vom rechten Forschen, Mittlere Sammlung, Reden des Buddha, S. 31 f.

34 Zitat, Buddha, Udāna I,3, Das Entstehen in Abhängigkeit, der Paticca-Samuppada, Reden des Buddha, S. 42
Buddha spricht von der Sechsheit der Sinnesbereiche, da er neben dem Seh-, Hör-, Tast-, Geruchs- und Geschmackssinn auch das Denken und das „Denkorgan" zu den Sinnesbereichen zählt.

35 Zitat, Buddha, ebenda, S. 42

36 Zitat, Buddha, ebenda, S. 41 f.

37 Zitat, Buddha, ebenda, S. 42

38 Zitat, Buddha, Majjhima Nikāya 26, Die Rede vom rechten Forschen, Mittlere Sammlung, Reden des Buddha, S. 23

39 Zitat, Buddha, Samyutta Nikāya 22,99, Auch der Sansara, dessen Anfang und Ende unausdenkbar sind, muß für den vergehen, der die wahre Erkenntnis besitzt, Gruppierte Sammlung, Reden des Buddha, S. 78 f.

40 Zitat, Buddha, ebenda, S. 78

41 Zitat, Buddha, Samyutta Nikāya 35, Gruppierte Sammlung, zitiert nach Schumann, S. 69

42 Zitat, Buddha, Majjhima Nikāya 7, Das Gleichnis vom Tuch, Lehrreden Mittlere Sammlung, S. 124

43 Zitat, Buddha, Samyutta Nikāya 12,12 Gruppierte Sammlung, zitiert nach Schumann, S. 66

44 Zitat, Buddha, Anguttara Nikāya 4,45, zitiert nach Schumann, S. 70

45 Zitat, Buddha, Majjhima Nikāya 32, Das Gleichnis von der Schlange, Lehrreden Mittlere Sammlung, S. 278

46 Zitat, Buddha, Majjhima Nikāya 26, Die Rede von rechten Forschen, Mittlere Sammlung, Reden des Buddha, S. 23

47 ebenda

48 Zitat, Buddha, Samutta Nikāya 22,99, Auch der Sansara, dessen Anfang und Ende unausdenkbar sind, muß für den vergehen, der die wahre Erkenntnis besitzt, Gruppierte Sammlung, Reden des Buddha, S. 77

49 Zitat, Buddha, Udāna VIII,1, Das Wesen des Nibbāna, Reden des Buddha, S. 81

50 Zitat, Buddha, Majjhima Nikāya 36, Die längere Lehrrede von Saccaka, Lehrreden Mittlere Sammlung, S. 401 f.

51 ebenda

52 Zitat, Buddha, Majjhima Nikāya 22, Das Gleichnis von der Schlange, Lehrreden Mittlere Sammlung, S. 280

53 Zitat, Buddha, Majjhima Nikāya 38, Die längere Lehrrede über die Vernichtung des Begehrens, Lehrreden Mittlere Sammlung, S. 413

54 Zitat, Buddha, Samutta Nikāya 56,11, Die Rede im Tierpark von Benares von den vier edlen Wahrheiten, Gruppierte Sammlung, Reden des Buddha, S. 38

55 Zitat, Buddha, Samutta Nikāya 56,11, Die Rede im Tierpark von Benares von den vier edlen Wahrheiten, Gruppierte Sammlung, Reden des Buddha, S. 35

56 Zitat, Buddha, Majjhima Nikāya 51, An Kandaraka, Lehrreden Mittlere Sammlung, S. 30

57 Vgl. Schumann, S. 92

58 Zitat, Buddha, Majjhima Nikāya 7, Das Gleichnis vom Tuch, Lehrreden Mittlere Sammlung, S. 124

59 Zitat, Buddha, ebenda

60 Zitat, Buddha, Majjhima Nikāya 21, Das Gleichnis von der Säge, Lehrreden Mittlere Sammlung, S. 269

61 Zitat, Buddha, Samyutta Nikāya 18,22, Das Freiwerden von der Vorstellung eines beharrenden Selbst, Gruppierte Sammlung, Reden des Buddha, S. 54

62 Zitat Buddha, Majjhima Nikāya 26, Die Rede vom rechten Forschen, Reden des Buddha, S. 34

63 Zitat, Buddha, Dāgha Nikāya 13, Die dreifache Weisheit, Lehrreden der längeren Sammlung, zitiert nach Zotz, S. 62

64 ebenda

65 Zitat, Buddha, Dāgha Nikāya 11, Über Kevatta, Lehrreden der längeren Sammlung, zitiert nach Zotz, S. 60

66 ebenda

67 ebenda

68 Zitat, Buddha, Samyutta Nikāya 22,99, Gruppierte Sammlung, Reden des Buddha, S. 77

69 Zitat, Buddha, Majjhima Nikāya 26, Die edle Suche, Lehrreden der Mittleren Sammlung, S. 310

70 Zitat, Buddha, Samyutta Nikāya 22,78, Die Gewalt der Buddha-verkündigung: Der Löwenruf, Gruppierte Sammlung, Reden des Buddha, S. 14

71 Zitat, Buddha, Samyutta Nikāya 22,99, Auch der Sansara, dessen Anfang und Ende unausdenkbar sind, muß für den vergehen, der die wahre Erkenntnis besitzt, Gruppierte Sammlung, Reden des Buddha, S. 78 f.

72 Zitat, Buddha, Majjhima Nikāya 22, Das Gleichnis vom Floß, Mittlere Sammlung, Reden des Buddha, S. 56

73 Zitat, Buddha, ebenda

74 Zitat, Buddha, ebenda

75 Zitat, Línjì Yìxuán, in: Linji Lu, Das Denken ist ein wilder Affe, Die Lehren des großen Zen-Meisters, hrsg. von O.W. Barth, übers. von Ursula Jarand, Barth Verlag, Bern 2015, S. 121
Línjì Yìxuán gründete im 9. Jahrhundert eine eigene Zen-buddhistische Meditationsschule. Im Originaltext wird sogar das „Töten", also die Befreiung des Geistes, von den eigenen Eltern empfohlen.

76 Zitat, Buddha, Majjhima Nikāya 26, Die Rede vom rechten Forschen, Mittlere Sammlung, Reden des Buddha, S. 23

77 Thich Nhat Hanh ist neben dem Dalai Lama wohl der bekannteste zeitgenössische Repräsentant der buddhistischen Lehre in der westlichen Welt. Als Vertreter eines „engagierten Buddhismus" vermittelt er in Büchern, Vorträgen, Friedensinitiativen, Lehraufträgen an Universitäten, und Meditations-Seminaren nicht nur den Zugang zur Nirvana-Erfahrung, sondern entwickelt darüber hinaus eine sehr moderne und universelle buddhistische Handlungsorientierung. Er verbindet Buddhas Lehre mit Problemlösungen in aktuellen Fragen der sozialen Gerechtigkeit und Nachhaltigkeit.
Vgl. Thich Nhat Hanh, Das Wunder der Achtsamkeit, Einführung in die Meditation, Theseus Verlag, Berlin 2001, Vgl. Thich Nhat Hanh, Wie Siddhartha zum Buddha wurde. Eine Einführung in den Buddhismus, Deutscher Taschenbuch Verlag, München 2004, Vgl. Thich Nhat Hanh, Zeiten der Achtsamkeit, Herder Verlag, Freiburg 2001, Vgl. Thich Nhat Hanh, Die Welt ins Herz schließen. Buddhistische Wege zu Ökologie und Frieden, Aurum Verlag, Bielefeld 2009

78 Zitat, Buddha, Majjhima Nikāya 10, Die Grundlagen der Achtsamkeit, Lehrreden Mittlere Sammlung, S. 157

79 Zitat, Buddha, ebenda

80 Zitat, Buddha, Majjhima Nikāya 10, Die Grundlagen der Achtsamkeit, Lehrreden Mittlere Sammlung, S. 158

81 Zitat, Buddha, Majjhima Nikāya 10, Die Grundlagen der Achtsamkeit,

Lehrreden Mittlere Sammlung, S. 164

82 Zitat, Buddha, Majjhima Nikāya 10, Die Grundlagen der Achtsamkeit, Lehrreden Mittlere Sammlung, S. 159

83 Zitat, Buddha, Majjhima Nikāya 10, Die Grundlagen der Achtsamkeit, Lehrreden Mittlere Sammlung, S. 163 f.

84 Zitat, Buddha, Majjhima Nikāya 26, Die Rede vom rechten Forschen, Mittlere Sammlung, Reden des Buddha, S. 34

85 ebenda

86 Zitat, Buddha, Iti-Vuttaka II,6, Das Nibbāna als das Ungeborene, nicht Gewordene, Reden des Buddha, S. 82

87 ebenda

88 Zitat, Ludwig Wittgenstein, Tractatus logico-philosophicus, in: Werksausgabe in 8 Bänden, Band 1, Tractatus logico-philosophicus, Tagebücher 1914 – 1916, Philosophische Untersuchungen, Suhrkamp Verlag, Frankfurt a.M. 1989, S. 67

89 Zitat, René Descartes, Philosophische Schriften in einem Band, Felix Meiner Verlag, Hamburg, 1996, Teil 4, Abschnitt 3, S. 55

90 Zitat, Buddha, Udāna VIII, Das Dorf Patali, zitiert nach Zotz, S. 78

91 ebenda

92 Zitat, Buddha, Majjhima Nikāya 34, Die kürzere Lehrrede über den Kuhhirten, Lehrreden Mittlere Sammlung, S. 379

93 Zitat, Buddha, Majjhima Nikāya 26, Die Rede vom rechten Forschen, Mittlere Sammlung, Reden des Buddha, S. 23

94 Zitat, Meister Dogen, Shobogenzo, Die Schatzkammer des wahren Dharma-Auges, übers. von Ritsunen Gabriele Linnebach und Gudo Wafu Nishhijima, Heidelberg 2006, Bd.1, S. 58, zitiert nach Gert Scobel, Achtsamkeit und die Transformation von Körper; Geist und Gesellschaft, Nicolai Publishing & Intelligence GmbH, Berlin 2018, S. 61

95 Vgl. Gert Scobel, Achtsamkeit und die Transformation von Körper; Geist und Gesellschaft, Nicolai Publishing & Intelligence GmbH, Berlin 2018, S. 60

96 Beispielsweise konnten in der neueren Forschung morphologische Veränderungen signifikant festgestellt werden. Regelmäßig Meditierende weisen unter anderem eine höhere Dichte von Nervenzellen im orbitofrontalen Cortex auf. Messbar ist ferner eine veränderte EEG Aktivität.
    Vgl. Ulrich Ott, Merkmale der 40-Hz-Aktivität im EEG während Ruhe,

Kopfrechnen und Meditation, Schriften zur Meditation und Meditationsforschung, Band 3, Peter Lang Verlag, Frankfurt am Main 2000
Vgl. Till Hein, Kernspin im Nirvana, in: Die Zeit, 31. Januar, Hamburg 2008
Vgl. Peter Sedlmeier: Die Kraft der Meditation - was die Wissenschaft darüber weiß, Rowohlt Verlag, Reinbek bei Hamburg 2016

97 Unter anderem belegen folgende zwei Meta-Studien von 2010 und 2011, dass mit MBSR psychisches Leid chronisch Kranker therapiert werden kann.
Vgl. Ernst Bohlmeijer, et al., The effects of mindfulness-based stress reduction therapy on mental health of adults with a chronic medical disease: A meta-analysis, in: Journal of Psychosomatic Research 68, S. 539–544, Enschede 2010
Vgl. Lone Fjorback, et al., Mindfulness-Based Stress Reduction and Mindfulness-Based Cognitive Therapy – a systematic review of randomized controlled trials, in: Acta Psychiatrica Scandinavica 124 (2), S. 102–119, Aarhus 2011
Vgl. Jon Kabat-Zinn, Gesund durch Meditation, Das vollständige Grundlagenwerk zu MBSR, vollständig überabeitete Neuauflage, O.W. Barth Verlag, München 2013

98 Zitat, Buddha, Majjhima Nikāya 39, Die längere Lehrrede bei Assopara, Lehrreden Mitttlere Sammlung, S. 432

99 Zitat, Buddha, Majjhima Nikāya 39, Die längere Lehrrede bei Assopara, Lehrreden Mitttlere Sammlung, S. 434 f.

100 Zitat, Buddha, Majjhima Nikāya 34, Die kürzere Lehrrede über den Kuhhirten, Lehrreden Mittlere Sammlung, S. 379

101 Zitat, Buddha, Majjhima Nikāya 8, Selbstentsagung, Lehrreden Mittlere Sammlung, S. 138

102 Zitat, Buddha, Dhammapada 113, in: Dhammapada, Die Weisheitslehren des Buddha, übers. von Munish B. Schiekel, Herder Verlag, Freiburg 2020, S. 46

103 ebenda S. 89

104 Vgl. zum Gleichnis vom Spieler des Saiteninstrumentes, Pali Vinaya, Mahavagga V, Ordensregeln, Über Felle, Zotz, S. 55

105 Zitat, Buddha, Samyutta Nikāya 18,22, Das Freiwerden von der Vorstellung eines beharrenden Selbst, Gruppierte Sammlung, Reden des Buddha, S. 54 f.

106 Zitat, Buddha, Majjhima Nikāya 39, Die längere Lehrrede bei

Assapura, Lehrreden mittlere Sammlung, S. 437

107 Zitat, Buddha, Udāna, VIII, Das Wesen des Nibbāna, Das Reden des Buddha, S. 81
108 Zitat, Buddha, Samyutta Nikāya 23,1, Die Welt, Māra und das Nibbāna, Gruppierte Sammlung, Reden des Buddha, S. 80
109 Zitat, Buddha, Majjhima Nikāya 7, Das Gleichnis vom Tuch, Lehrreden Mittlere Sammlung, S. 124
110 Zitat, Buddha, ebenda

In dieser Reihe erschienen:

Walther Ziegler
Adorno in 60 Minuten
1. Auflage: Oktober 2017
96 Seiten, Paperback, € 9,99
ISBN 9783-7-4486-463-3

Walther Ziegler
Arendt in 60 Minuten
1. Auflage: August 2018
120 Seiten, Paperback, € 9,99
ISBN 9783-7-5288-843-0

Walther Ziegler
Camus in 60 Minuten
1. Auflage: April 2015
84 Seiten, Paperback, € 9,99
ISBN 978-3-7347-8170-4

Walther Ziegler
Foucault in 60 Minuten
1. Auflage: November 2019
136 Seiten, Paperback, € 9,99
ISBN 978-3-7504-1262-0

Walther Ziegler
Freud in 60 Minuten
1. Auflage: April 2015
96 Seiten, Paperback, € 9,99
ISBN 978-3-7347-8024-0

Walther Ziegler
Habermas in 60 Minuten
1. Auflage: März 2017
128 Seiten, Paperback, € 9,99
ISBN 978-3-7431-8732-0

Walther Ziegler
Hegel in 60 Minuten
1. Auflage: April 2015
128 Seiten, Paperback, € 9,99
ISBN 978-3-7347-8128-5

Walther Ziegler
Heidegger in 60 Minuten
1. Auflage: April 2015
108 Seiten, Paperback, € 9,99
ISBN 978-3-7347-8169-8

Walther Ziegler
Hobbes in 60 Minuten
1. Auflage: Januar 2019
84 Seiten, Paperback, € 9,99
ISBN 978-3-7481-0127-7

Walther Ziegler
Kafka in 60 Minuten
1. Auflage: April 2021
144 Seiten, Paperback, € 9,99
ISBN 9-783-7526-3979-7

Walther Ziegler
Kant in 60 Minuten
1. Auflage: April 2015
144 Seiten, Paperback, € 9,99
ISBN 978-3-7347-8172-8

Walther Ziegler
Konfuzius in 60 Minuten
1. Auflage: Dezember 2020
132 Seiten, Paperback, € 9,99
ISBN 9-783-7526-6975-6

Walther Ziegler
Marx in 60 Minuten
1. Auflage: April 2015
112 Seiten, Paperback, € 9,99
ISBN 978-3-7347-8154-4

Walther Ziegler
Nietzsche in 60 Minuten
1. Auflage: Oktober 2017
152 Seiten, Paperback, € 9,99
ISBN 978-3-7448-6482-4

Walther Ziegler
Platon in 60 Minuten
1. Auflage: April 2015
112 Seiten, Paperback, € 9,99
ISBN 978-3-7347-8158-2

Walther Ziegler
Popper in 60 Minuten
1. Auflage: November 2019
121 Seiten, Paperback, € 9,99
ISBN 978-3-7504-1241-5

Walther Ziegler
Rawls in 60 Minuten
1. Auflage: Januar 2019
104 Seiten, Paperback, € 9,99
ISBN 978-3-7528-4912-7

Walther Ziegler
Rousseau in 60 Minuten
1. Auflage: April 2015
112 Seiten, Paperback, € 9,99
ISBN 978-3-7347-2555-5

Walther Ziegler
Sartre in 60 Minuten
1. Auflage: April 2015
116 Seiten, Paperback, € 9,99
ISBN 978-3-7347-8156-8

Walther Ziegler
Schopenhauer in 60 Minuten
1. Auflage: Januar 2018
139 Seiten, Paperback, € 9,99
ISBN 978-3-7448-6463-3

Walther Ziegler
Smith in 60 Minuten
1. Auflage: April 2015
100 Seiten, Paperback, € 9,99
ISBN 978-3-7347-8157-5

Walther Ziegler
Wittgenstein in 60 Minuten
1. Auflage: April 2018
116 Seiten, Paperback, € 9,99
ISBN 978-3-7460-8226-4

Der Autor:

Dr. Walther Ziegler hat Philosophie, Geschichte und Politik studiert. Als Auslandskorrespondent, Reporter und Nachrichtenchef des Fernsehsenders ProSieben produzierte er Filme auf allen Kontinenten. Seine Reportagen wurden mehrfach preisgekrönt. Von 2007 bis 2016 bildete er in München junge TV-Journalisten aus und leitete eine University of Applied Sciences für Film- und Fernsehstudiengänge. Er ist zugleich Autor zahlreicher philosophischer Bücher. Als langjährigem Journalisten gelingt es ihm, das komplexe Wissen der großen Philosophen spannend und verständlich darzustellen.